はじめに

この本には、アジア各国のお店や家庭で食べられている、美味しいカレーを作るための秘密が書かれています。

私はアジア各国を巡り、家庭で食べられているカレーの作り方を学びました。新鮮なコリアンダー、ジンジャー、レモングラス、ライムの葉、レモン、チリ、ココナッツなどの鮮やかな彩り。マスタードシードを炒めた時のパチパチ音。それらを見て、感じながら、アジア料理の作り方を身につけていきました。

アジアでは、相手に食事をもてなすことはコミュニケーション手段の一つであり、家族や友人たちとの絆を深めるのに役立ちます。私は家族に喜んでもらうために、料理を研究してきました。この本に載せているカレーのレシピはどれも、私が長年に渡って学び、試し、改良を重ねてきた最高のものばかりです。

各国の料理にはそれぞれ特徴があります。それらの香りを楽しみ、食べることを通じて、東南アジアやインド大陸で生活する人々の生活を感じてください。食事を通じて、各国を旅しているような気分になれるはずです。

また、最近では健康志向の料理が好まれています。この気持ちは、年齢や人種、宗教や性別に関係なく、誰しもが共通で感じていることでしょう。日本で食べられているカレーでは肉が主役となっているものが多い印象です。ですが、野菜や豆が主役となるカレーも美味しいということを知っていただきたいのです。

アジア料理では、新鮮な野菜を使うことも特徴の一つです。野菜や豆を中心にした料理は栄養があり、バランスが良く、健康的で、しかも美味しいのです。料理を通じて健康になれば、心も晴れやかになれます。

5000年以上の歴史を持つアーユルヴェーダの原理に基づいたインドのスパイス料理は、スリランカやネパール、ビルマの料理にも似た傾向が見られます。毎日の食事に天然ハーブとスパイスを使用し、ごく少量の油で調理することで、非常に健康な料理になります。インドネシアやマレーシア、タイの料理では、大豆、ハーブ、スパイスを組み合わせることで、独自の味わいを作り出しています。

この本では、そうしたアジア各国で食べられているカレーを、日本でも手に入るような食材と、シンプルな調理方法で紹介し、ご家庭で食べていただくことを目的としました。あまり日本のカレーショップでは食べられないようなカレーも紹介しています。

ページをめくった向こうには、アジアのカレーのエキゾチックな世界があなたを待っています。

料理研究家　ヘーマ・パレック

My Story ～自己紹介～

当時、19歳の大学生だった私が世界の料理を探究するような研究家になるまでの道のりは、非常に魅力的なものでした。

私が生まれたチェンナイは、当時まだマドラスと呼ばれていた地域です。両親に連れられ、一緒にムンバイへ引っ越した時、私はまだ生後数ヶ月だったと聞いていますが、チェンナイは私にとって重要な場所の一つです。

子供時代を過ごしたムンバイは、幸せな思い出がたくさんあります。学生時代は毎日が楽しく、近所の子供たちと夜まで遊んでいました。週末には海へ遊びに行き、兄妹たちで水遊びをしたり、貝殻を集めたりしていました。
この頃から私は両親を尊敬し、私がなりたい憧れの対象です。

私の子供時代の思い出のうち、特に記憶に残っているのは休日の出来事です。両親はインド中のさまざまな地域へ連れていってくれました。北のカシミールから南のケララへ。ヒマーチャル・プラデーシュ州のクル・マナリ、シムラー、ダルハウジーからジャイプール、ウダイプール、ラナクプール、ラジャスタン州、パタン、ヴァルサッド、パリタナ、グジャラート州からベンガルのカルカッタ。こうして、私はインドのさまざまな地域の独特な文化を吸収しました。

当時はスマートフォンどころか、コンピュータも、カラーテレビすらもなかった時代です。だから、両親がたくさんの本を家に持ち帰ると、私たちはそれを大喜びで読んでいました。

夫と出会ったのは、私が大学3年生の時でした。家族パーティの場で彼と出会い、すぐに婚約したのです。結婚したのは翌年、大学4年生の時。この時、日本でビジネスをしていた夫についていき、日本へ来ることになったのです。大学生とはいえ子供だった私は、いきなり大人の女性として日本で生活することになりました。

日本に降り立った時は、1月の寒い夜でした。空港の滑走路は真っ白に染まっていたことを今でも覚えています。
日本に来て驚いたことがあります。8個入りのオクラ1パックの価格は80インドルピー。インドなら、オクラ1kgが買える値段です。

私が生まれ育ったインドでは、今でもこのように路上で野菜が売られています

トマトの鮮やかな赤色を見れば、その新鮮さは一目でわかります。色とりどりの野菜は食欲をそそります

私は当時、まったく料理ができませんでした。料理をするために実家にいる母へ電話をかけ、「ジャガイモのカレーを作るのに、マスタードシードとクミンシードのどちらを使うべき？」と質問していました。

　そんな経験もあったので、実家に戻った時には台所へ行き、母が料理をしている姿を目に焼き付けようとしました。母はスパイスとハーブを計量せず、味見をしたり目分量で調理しているのを見て、驚きました。

　美味しい食べ物を作るということは、レシピを忠実に再現することではない。スパイスやハーブの量は、自分にとって美味しければいいんだということに気づいたのです。そうして私は料理に対する考え方を改めて日本に戻りました。

　こうして料理が好きになった私は、東京のインターナショナルスクールに通う二人の子供たちの同級生の親を通じて、料理の家庭教師を紹介してもらったのです。私の東京の家は、子供たちの友人がいつでも遊びに来れるようにしていました。
　インターナショナルスクールに通う、世界各国の子供たちに食事を食べさせた時、美味しそうな笑顔を見ると、もっと美味しい料理を作ってあげたいと思うようになりました。
　こうして料理を学び、たくさんの実践を経た私は、今度は私が料理を教える立場…料理教室を始めたのです。それから30年、今でも教室を続けています。その間、さまざまレシピを試し、研究してきました。

　最初は趣味で始めた料理ですが、つい熱が入ってしまい、まさか料理が私の職業になるとは思いもしませんでした。

　私の料理の研究は、私の子供たち（アエーシャとアロク）も手伝ってくれました。彼らは私の一番のファンであり、最も厳しい批評家でもあります。彼らは私に絶えず新しい料理を試すように求め、それらを食べて、正直な意見を私に教えてくれました。

　そうした経験もあり、私は日本で何冊も料理レシピ本を執筆するようになりました。直前には南インドのレシピだけを載せた本を執筆しました。

　いま、あなたが手にしているこの本に載っているレシピによって、私の出身地である南インドだけではなく、アジア7カ国で食べられている料理を一緒に味わい、遠く離れた各国を感てもらえるはずです。

ヘーマ・パレック

野菜は日本のように種類別に区切られることはなく、この中から選んで買っていくというスタイルです

インドの唐辛子。これがスパイスカレーの味を決定づける、大切な材料の一つになります

他の八百屋さんも似たような展示をしています。今の日本では見られないような素朴な姿が見られます

Contents

食材紹介

各国のカレーレシピに使用する、特徴的な食材をご紹介します。
ホールスパイス、パウダースパイス、ハーブ、豆類、野菜など、
大きなスーパーマーケットなら売っているものを選びました。

クミンシード

インド料理に欠かせない定番スパイス。加熱すると香りが際立つので、テンパリングによく使われる。

クミンパウダー

クミンシードを挽いたパウダータイプ。他のスパイスとミックスしたり、サラダやドリンクに使うことも。

マスタードシード

南インド料理に欠かせない辛子の種子。油に入れ、パチパチはじけるまで加熱して香ばしさを引き出す。

コリアンダーシード

香菜の種子を乾燥させたもので、柑橘系のさわやかな香り。強すぎずマイルドなので、他のスパイスとブレンドすることも多い。

コリアンダーパウダー

コリアンダーシードの粉末。カレーにまろやかさを加えたり、とろみづけとしても使われる。

ポピーシード

ケシの果実から取る種子。ナッツのような香りがあり、料理にプチプチとした食感を加える。

カルダモン

繊細な甘さと上品でさわやかな香りがあり、チャイやお菓子にも使われる。グリーンとブラックがある。

フェンネルシード

ウイキョウとも呼ばれ、スターアニスに似た甘い香りとほのかな苦みを持つ。消化促進作用がある。

フェヌグリークシード

カレーやサンバルの材料としてよく使われる。加熱することで独特の苦みがやわらぎ、香りが増す。

ターメリックパウダー

ショウガ科のウコンの根茎を
粉状にしたもので、インドの
主要なスパイスのひとつ。鮮
やかな黄色が特徴。

シナモン

独特の香りと甘みがあり、チ
ャイやお菓子にも使われる。
スティックとパウダータイプ
がある。

八角（スターアニス）

星形で、独特の強い香りが料
理にアクセントを与える。中
華のブレンドスパイス・五香
粉にも使われる。

唐辛子

赤唐辛子は乾燥させたいわゆる
鷹の爪が一般的だが、旬には水
分量が多い生の赤唐辛子も手に
入る。また、青唐辛子は赤くな
る前に収穫した未熟なもので、
さわやかな辛みが特徴。

チリパウダー

数種類の乾燥唐辛子を粉砕し
たもので、強い辛さと風味を
合わせ持つ。産地や色によっ
て辛さが異なる。

アサファティーダパウダー

ヒングとも呼ばれる、樹脂を
粉末にしたスパイス。刺激臭
と旨みがあり、テンパリング
すると豊かな風味が出る。

カレーリーフ

特に南インド料理に欠かせな
い光沢のある葉で、油で加熱
すると芳香が立ち上る。生が
手に入らなければ乾燥でも。

コリアンダーリーフ

香菜、パクチーとも呼ばれる
セリ科の植物で、独特の芳香
があり、インドとアジア広域
で使われている。葉、茎、根
のすべてが食用可能。

ガラムマサラ

インドのブレンドスパイスで、
シナモン、クローブ、ナツメ
グ、クミン、カルダモンなど
がミックスされている。

ベイリーフ

月桂樹の葉を乾燥させたもの
で、ローリエとも呼ばれる。
料理にさわやかな甘みを加え
る。

フェヌグリークリーフ

フェヌグリークの葉を乾燥さ
せたもので、カスリメティと
も呼ばれる。独特の香りと甘
み、苦みを併せ持つ。

トゥール豆

黄色いレンズ豆の皮をむいて
挽き割りにしたもの。南イン
ドのサンバルでは、クリーム
状にゆでて使用する。

カラチャナ／ベンガルグラム

小さめで色が濃い種類のひよ
こ豆を挽き割りにしたもの。
クリスピーな食感で、テンパ
リングに使うことも多い。

ウラド豆

皮付きは黒く、皮なしは淡い
クリーム色。ペースト状にす
ると粘りがあり、とろみづけ
としても使われる。

ムング豆

日本では緑豆として知られ、
皮をむくと黄色になる。豆の
中でも浸水や加熱の時間が短
く、使い勝手がよい。

ひよこ豆

ガルバンゾー、チックピーと
も呼ばれ、日本でも普及して
いる。たんぱく質が豊富でホ
クホクした食感。

バスマティライス

細長くパラパラとした食感の
インディカ米の中でも、最高
の香りを持つといわれる。カ
レーと相性が良い。

ギー

インドの伝統的な澄ましバタ
ー（バターオイル）。不純物が
少なく、常温保存も可能。独
特の香ばしさがある。

タマリンド

インドやタイでよく使われる
マメ科の果実で、強い酸味と
甘みがある。果肉のかたまり
やペースト状で売られている
ことが多い。

テンペ

大豆をテンペ菌で発酵させた
もので、食べごたえがあり、
栄養価も高い。ベジタリアン
料理では肉の代わりとして使
うことも。

ココナッツパウダー

ココヤシの胚乳を乾燥させて
粉状にしたもの。素朴な甘み
と香りがあり、お菓子に使う
ことも多い。

ココナッツシュレッド

ココヤシの胚乳を乾燥させて
細いひも状にしたもの。サク
サクとした歯ごたえがあり、
トッピングにすることも。

パームシュガー

ヤシの樹液を煮詰めて作る茶
褐色で固形の甘味料。まろや
かな甘さがあり、料理のコク
出しとしても使われる。

ライムリーフ

コブミカンの葉とも呼ばれ、タイをはじめ東南アジアでよく使われる。柑橘系のさわやかな香りが特徴。

ガランガル

しょうがの仲間で、タイやインドネシアで広く使われる。しょうがより固く、辛みが強くピリッとした味。

レモングラス（茎）

レモンに似た芳香を持つ、東南アジアの代表的なハーブ。茎は料理に、葉はハーブティーなどに使用する。

シャロット

小さめの赤玉ねぎのような見た目で、にんにくのような香りがある。日本の「エシャロット」とは別物。

ドラムスティック

南インドやスリランカでよく食べられる野菜。外側の皮を歯でそぎ落とすようにして中身だけを食べる。

本格スパイスカレーの基礎知識

アジアのスパイスカレーを作る際には、いくつか日本のカレーとは異なる作り方をしている部分があります。決して難しいわけではないのですが、少々独特なので、ここでは「日本のカレーでは使われない、アジアカレーのテクニック」について説明しておきます。

テンパリング

インドをはじめとするアジアの料理で重要な調味料は油です。「テンパリング」は、スパイスや豆、ハーブを油で熱して香りを最大限に際立たせる調理法、またはその香味油のこと。本格スパイスカレーには欠かせません。料理の最初に香りを引き出すために行うほか、完成した料理に香りづけとしてかけることもあります。

テンパリングに豆を使う場合

テンパリングに使うチャナ豆やウラド豆は、あらかじめ10〜15分ほど水に浸けておき、水気をきったものを使います。

テンパリングの作り方（一例）

作り方

❶ フライパンに油を入れて加熱し、マスタードシードを加える。

❷ ウラド豆や鷹の爪、カレーリーフを加えて、色が変わり香りが出てくるまで、軽く混ぜながら炒めれば完成。

❸ テンパリングは、鍋に入ったカレーにかけてもいいし、お皿に盛りつけたあとからかけても大丈夫。

豆の炊き方

アジアのカレーでは、多くの料理で豆を使います。レンズ豆、ムング豆、トゥール豆などには、皮つきの「ホール」と、皮を向いて2つに割った「スプリット」という2種類があります。スプリットの方が調理時間が短くて済むうえ、簡単にやわらかくなるのでクリーミーな食感になります。

豆調理のポイント

豆はあらかじめ水に浸しておくことでやわらかくなり、調理時間を短くできます。圧力鍋を使えば、さらに短くできるため、豆を使ったカレーを作るためには準備しておくことをおすすめします。

豆の炊き方

材料（ゆで上がり1カップ分）

豆 …… 1/2カップ
水 …… 2と1/2カップ

作り方

❶ 水に浸しておいた豆の水をきり、鍋に移す。

❷ 水を加え、ふたをして強火で沸騰させる。

❸ ふたを少し開き、中火で20〜25分煮る。

❹ ときどき混ぜながら、必要に応じて水を足す。やわらかく、クリーミーになったら完成。

長粒米の炊き方

カレーやスープなど、アジアの伝統料理に欠かせないご飯。日本のジャポニカ米とは違う長粒米（インディカ米）は、炊き方によって水の量が変わるので注意が必要です。

ガスコンロで炊く場合

長粒米 …… 2カップ
水 …… 5〜7カップ

作り方

❶ 冷たい水で米を洗い、大きな鍋に入れる。水5〜7カップを加えて、沸騰させて15〜18分、米がやわらかくなるまで加熱する。

❷ 余分な水がなくなったら、かき混ぜて蒸らせば完成。

炊飯器の場合

長粒米 …… 2カップ
水 …… 4カップ

作り方

❶ 米を水で洗い、水に30分浸してから水をきり、炊飯器に入れる。

❷ 水4カップを加えて、炊飯器で炊く。やわらかくなっていたら完成。

使用するキッチン用品

アジアのカレーを作るうえで、あると便利な調理器具を紹介します。

必要な調理器具

ブレンダー（かたいスパイスが挽けるもの）、すり鉢、厚手の鍋、サイズの異なるフッ素樹脂加工のフライパン、深めのフライパン、計量スプーン＆カップ

あると便利な器具

圧力鍋

レシピの見方

分量の表記は、1カップ＝20㎖、大さじ1＝15㎖、小さじ1＝5㎖です。
材料を混ぜるとき、スパイスを挽くときに使う「ブレンダー」は、フードプロセッサー、電動ミル、グラインダーなどの総称です。かたいスパイスなども挽ける機種をご使用ください。

料理を始める前に

よい食材を選びましょう

新鮮な野菜を使うことで、カレーはより美味しくなりますし、調理時間も短縮されます。

調理をスムーズに進めるためには、前日のうちに野菜を切って冷蔵庫に入れておいたり、使うスパイスを小さな皿などに移して準備しておくとよいでしょう。

特に豆は水に浸してやわらかくする必要があるため、前日のうちに準備を終えておくと楽です。

インド料理＝辛い、は間違いです

インド料理の辛さは、チリパウダー（赤唐辛子）によるものです。ですが、これは入れなくてはいけないものではありません。あくまで、料理にインパクトが欲しい時に使うものです。

レシピには、日本の方にも親しみやすいように、チリパウダーの量をやや減らして書いています。インドで食べられているものと同じ辛さが良ければ増やし、辛いものが苦手なら減らすなど、アレンジするといいでしょう。

スパイスや食材の味を覚えましょう

もしレシピに書いてある材料が揃わなかったとしても、気にする必要はありません。似たような食感の野菜を使ったり、スパイスがいくつか足りなかったからといって、大きく味が変わることはありません。

本書では、日本のスーパーで売っている食材を使ってアジアの料理を再現することを目的としていますが、完璧に同じである必要などないのですから。

お皿に盛る前には、塩で味を調えましょう

塩は、香辛料の風味やテンパリングの香りを引き立ててくれます。

いくらレシピ通りに作ったとしても、個人の味の好みは人それぞれですし、材料の新鮮さによっても味が変わることはよくあります。

レシピを忠実に再現することよりも、皿に盛りつける前に味を確かめてみて、最後に調整をするのは大事なことです。

味を調えるのは、塩をメインに、お好みでレモン汁をたらしたり、辛さが足りなければチリパウダーを足すなどしましょう。

料理は、食べる人が「美味しい」と思えることが何よりも大切なのです。

材料一覧

アーモンド	全粒粉
青唐辛子	ターメリックパウダー
赤唐辛子	大根
青パパイヤ	たけのこ水煮
赤玉ねぎ	玉ねぎ
赤ピーマン	タマリンドペースト
赤レンズ豆	炭酸水
アサファティーダパウダー	チャイマサラ
アジワンシード	茶ひよこ豆
厚揚げ	茶レンズ豆
粗挽きこしょう	中力粉
いんげん	チリパウダー
ウラド豆	チリフレーク
オクラ	粒こしょう
ガーリックチップ	ディル
カシューナッツ	トゥール豆
かぶ	トマト
かぼちゃ	トマトチャツネ
カラチャナ	トマトピューレ
ガラムマサラ	トマトペースト
カリフラワー	ドラムスティック
カルダモン	長ねぎ
カルダモンパウダー	なす
カレー粉	ナツメグパウダー
カレーパウダー	ニゲラシード
カレーリーフ	にんじん
岩塩	にんにく
完熟バナナ	にんにくペースト
完熟マンゴー	パームシュガー
ギー	パウバジマサラパウダー
黄レンズ豆	バジルの葉
キャベツ	パスタ
牛乳	バスマティ米
きゅうり	バター
餃子の皮	バターロール
クミンシード	八角
クミンパウダー	八角パウダー
グラニュー糖	パプリカ
グリーンピース	パプリカパウダー
くるみ	ピーナッツ
クローブ	ピーナッツバター
ケチャップマニス	ピーマン
紅茶の葉	ひよこ豆
ゴーヤ	フェヌグリークシード
コーン	フェヌグリークパウダー
コーンスターチ	フェヌグリークリーフ
ココナッツオイル	フェンネルシード
ココナッツクリーム	フライドオニオン
ココナッツシュレッド	フライドヌードル
ココナッツパウダー	プレーンヨーグルト
ココナッツミルク	ブロッコリー
こしょう	ベイリーフ
ごま油	ベサン粉
小麦粉	ベビーコーン
米粉	ベビーポテト
コリアンダーシード	ベンガルグラム
コリアンダーの茎	ほうれん草
コリアンダーパウダー	ポピーシード
コリアンダーリーフ	マスタードシード
砂糖	マスタードペースト
さやいんげん	マッシュルーム
サラダ油	みかん缶詰
サンバルマサラパウダー	ミントの葉
しいたけ	ミントパウダー
塩	ムング豆
ししとう	モモマサラ
シナモンスティック	もやし
しめじ	ライスヌードル
じゃがいも	ライム
シャロット	ライム果汁
しょう油	ライムリーフ
しょうが	レーズン
しょうがペースト	レーズン
小ねぎ	レッドキニービーンズ
ズッキーニ	レモン
スナップえんどう	レモン果汁
セロリ	レモングラス
	ローリエ

Curries of India
インドのカレーレシピ

　文化、伝統、民族、言語がタペストリーのように織り交ざった魔法の国・インドは料理の楽園でもあります。刺激的でカラフルで美味なるインド料理の真髄は、何といっても多彩なスパイス。紀元前から続く伝統医学・アーユルヴェーダでは、「医食同源」としてスパイスの効能を大切にし、自然と調和して生きることを教えています。丸ごとのスパイスをローストして香りを引き出したり、絶妙な配合でブレンドすることで、インド料理を特徴づける力強さと奥深さが生まれます。

　また、高山地帯、砂漠、高原、熱帯雨林を含む広大な国土を持つインドでは、その料理も地域によって大きく異なり、多様性を楽しめます。

北インド

かつてイスラム王朝ムガール帝国の支配下にあった北インド。パニール（チーズ）やバターなどの乳製品を使った濃厚なカレーが多く、小麦粉で作るナンやバトゥーラも北インドが本場です。

Delhi（北）

Kolkata（東）

西インド

大都市ムンバイにはインド各地の料理が集結しており、ダンサックやパオパジが名物。ジャイナ教徒が多いグジャラート州の伝統的なベジタリアンターリー（定食）も有名です。

Mumbai（西）

東インド

ガンジス川の下流デルタを擁するベンガル州が中心。そこで採れる淡水魚を使ったベンガルフィッシュカレーが名物です。ドラムスティックやゴーヤなど、苦みのある野菜も好まれます。

南インド

アーユルヴェーダの本場である南インドはベジタリアンが多いことでも知れています。主食は米で、ココナッツミルクやカレーリーフ、マスタードシードを多用し、あっさりと仕上げたカレーが特徴。

Chennai（南）

Gobi Poritha Kuzhambu / Cauliflower Sambar

カリフラワーサンバル

南インドで日常的に食べられている
伝統的な豆と野菜のスープカレー。
さらっとしているのにスパイシーで、
何度も食べたくなる味わいです。

16

Gobi Poritha Kuzhambu / Cauliflower Sambar

カリフラワーサンバル

南インドで日常的に食べられている
伝統的な豆と野菜のスープカレー。
さらっとしているのにスパイシーで、
何度も食べたくなる味わいです。

マサラペーストは
作り置きを
しておくと便利

材料（2人分）

トゥール豆（黄レンズ豆）…… 3/4カップ
カリフラワー …… 200g（小房に分ける）

マサラペースト
- サラダ油 …… 大さじ1
- A
  - ウラド豆 …… 小さじ1
  - 赤唐辛子 …… 3〜4本
  - コリアンダーシード …… 小さじ1
  - フェヌグリークシード …… 小さじ1/4
  - 玉ねぎ …… 1個（みじん切り）
  - アサファティーダパウダー …… 少々
- ココナッツシュレッドまたはココナッツパウダー
  …… 大さじ1

トマト …… 2個（角切り）
ターメリックパウダー …… 小さじ1/2
塩 …… 適量
タマリンドペースト …… 小さじ1/2
パームシュガーまたは砂糖 …… 小さじ1/2
ピーマン …… 1個（薄切り）
トマトピューレ …… 1カップ
サンバルマサラパウダー（市販品）…… 小さじ3

テンパリング
- ココナッツオイル …… 小さじ1
- マスタードシード …… 小さじ1
- 赤唐辛子 …… 1本（半分に切る）
- カレーリーフ …… 4〜6枚

作り方

❶ トゥール豆は洗い、水3カップに入
れて30分浸す。水ごと鍋に入れ、中
火で15〜20分、やわらかくなるまで
ゆでる。ゆで汁も取っておく。

❷ マサラペーストを作る。フライパン
にサラダ油を入れて中火で熱し、**A**
を加える。玉ねぎがやわらかくなり、
香りが出るまで3〜4分炒める。

❸ ②にココナッツを加えて軽く混ぜ、
火を止めて粗熱を取る。ブレンダー
に移し、水少々を加えてなめらかな
ペースト状にする。

❹ 厚手の鍋にカリフラワーを入れ、水
2カップを加える。トマト、ターメ
リックパウダー、塩を加え、野菜が
やわらかくなるまで8〜10分煮る。

❺ ③のマサラペースト、タマリンドペ
ースト、パームシュガー、ピーマン
を加えて混ぜる。

❻ ①のトゥール豆をゆで汁ごと加える。

❼ トマトピューレ、サンバルマサラパ
ウダー、塩を加えて沸騰させ、中火
で4〜5分煮る。

❽ テンパリングをする。フライパンで
ココナッツオイルを熱する。他の材
料を加え、パチパチはじけるまで炒
める。⑦に加えて混ぜる。

浸したトゥール豆を鍋に入れ、15〜20分ゆでます

中火で熱したフライパンにマサラの材料を入れます

②で作ったものを少し冷ましてからブレンダーに入れます

厚手の鍋で、野菜がやわらかくなるまで煮ます

③で作ったマサラペーストを④に加えて混ぜます

①のトゥール豆を、ゆで汁ごと加えます

トマトピューレなども加え、中火で4〜5分煮ます

テンパリング。パチパチ音がするまで炒めます

ローストしたなすのカレー（ベイガン バルタ）

北西インド・パンジャーブ地方のベジタリアンカレー。
ローストして刻んだなすの
フレッシュな甘さとやわらかさが特徴です。

材料（2人分）

なす …… 8本
グリーンピース（冷凍）…… 大さじ1〜2
サラダ油 …… 大さじ1と1/2
玉ねぎ …… 1個（みじん切り）
クミンシード …… 小さじ1/2
にんにく …… 4〜5片（みじん切り）
しょうがペースト …… 小さじ1

A
├ トマトピューレ …… 1/2カップ
├ ターメリックパウダー …… 小さじ1/2
├ チリパウダー …… 小さじ1/2
└ ガラムマサラ …… 小さじ1

塩 …… 適量
小ねぎ、しょうが …… 各少々

作り方

❶ なすは皮つきのままオーブンまたは魚焼きグリルに入れ、皮がこんがりするまで全体を焼く（グリルがなければガス台に金網を置いてもよい）。水に浸して皮をむき、実をスプーンの背で粗くつぶす。

❷ 鍋にサラダ油を中火で熱し、玉ねぎ、クミンシード、にんにくを入れて3〜4分炒める。

❸ 玉ねぎがやわらかくなったらしょうがペーストとAを加え、塩で味を調える。中火で2〜3分、油がにじみ出るまで煮る。

❹ ①のなすとグリーンピースを加えて混ぜ、2〜4分煮る。味をみて塩を加える。

盛りつけ
器に盛り、小ねぎの小口切りとしょうがのせん切りをのせる。

> なすを焼く時は、皮が焦げて浮くくらいまで

Drink

Masala Chai / Indian Spiced Tea

マサラチャイ

自家製マサラを使えば、より本格的。

材料（2人分）

牛乳 …… 2カップ
砂糖 …… 小さじ3
しょうが ……
　　1片（つぶす）
チャイマサラ（下記参照）
　　…… 小さじ1/4
紅茶の葉 …… 小さじ2
またはティーバッグ3個

作り方

❶ 鍋に牛乳と水1/2カップを入れて沸騰させ、砂糖、しょうが、チャイマサラを加え、2〜3分煮る。

❷ 紅茶の葉を加えて2分ほど煮る。火を止めてふたをし、1分蒸らして器に注ぐ。

チャイマサラ

材料（作りやすい分量）

カルダモン（緑）…… 10〜15粒
シナモンスティック …… 小1本
クローブ …… 12粒
粒こしょう …… 20〜25粒
ジンジャーパウダー …… 小さじ1

作り方

すべての材料をブレンダーに入れて粉状に挽く。密閉容器で保存可能。

バタートマトソースのチーズカレー（パニール マカニ）

バター、カシューナッツ、パニールといったリッチな材料を使い、
クリーミーに仕上げた北インド・パンジャブ地方のカレー。

> バタートマト
> ソースは
> たくさん作って
> 流用可

材料（2人分）

パニール（インド風カッテージチーズ・
　46ページ参照）…… 200g

サラダ油 …… 小さじ1

ギー …… 大さじ1と1/2

クミンシード …… 小さじ1/4

にんにくペースト …… 小さじ1

しょうがペースト …… 小さじ1

バタートマトソース（46ページ参照）
　…… 1と1/2カップ

A┬ ターメリックパウダー …… 小さじ1/2
　├ チリパウダー …… 小さじ1/4
　├ 塩 …… 小さじ1/4
　└ 砂糖 …… 小さじ1

フェヌグリークリーフ（粉状にする）
　…… 小さじ1

チリパウダー、ココナッツクリーム、
　コリアンダーリーフ …… 各少々

作り方

❶ パニールは小さめの角切りにする。フライパンにサラダ油を熱してパニールを入れ、端が薄茶色になるまで炒める。キッチンペーパーに取り出しておく。

❷ ①のフライパンにギーを入れ、クミンシードを炒める。にんにくペースト、しょうがペーストを加えて混ぜ、香りを出す。

❸ バタートマトソースとAを加え、沸騰させて2～3分煮る。水50mlを加えて好みのやわらかさにする。

❹ ①のパニール、フェヌグリークリーフを加えて混ぜ、3～4分煮て味をなじませる。

盛りつけ
　器に盛ってチリパウダーをふり、ココナッツクリームをたらし、コリアンダーリーフをのせる。

Side Dish

Kela Nu Raita / Banana and Walnut Raita

バナナとくるみのライタ

カルダモンが香る、
デザート感覚のヨーグルトサラダ。

材料（2人分）

完熟バナナ …… 2本（薄切り）

プレーンヨーグルト …… 2カップ

くるみ …… 大さじ2（細かく砕く）

レーズン …… 大さじ1

砂糖 …… 大さじ1

塩 …… 1つまみ

カルダモンパウダー …… 1つまみ

作り方

❶ ボウルにバナナとヨーグルトを入れて混ぜる。くるみ、レーズン、砂糖を加え、塩で調味して静かに混ぜる。

❷ 器に盛ってカルダモンパウダーをふり、冷蔵庫で冷やす。

Chole Chana / Chana Masala

ひよこ豆のカレー（チャナマサラ）

北西インド・パンジャーブ地方の豆カレー。
ホクホクしたひよこ豆の食感と
スパイシーなトマトソースが好相性。

缶詰のひよこ
豆を使う場合、
崩れるまで
煮て

材料（2人分）

ひよこ豆 …… 3カップ
（缶詰またはゆでたもの・ゆで汁も取っ
ておく）

ローストスパイスパウダー
┌ コリアンダーシード …… 小さじ1
│ クローブ …… 2〜3粒
│ 粒こしょう …… 6〜8粒
└ 赤唐辛子 …… 1本

サラダ油 …… 大さじ1と1/2
クミンシード …… 小さじ1
カルダモン …… 2粒
シナモンスティック …… 小1本
ベイリーフ …… 1枚
玉ねぎ …… 1個（みじん切り）
┌ トマトピューレ …… 1カップ
│ しょうが …… 大さじ1（みじん切り）
A ガラムマサラ …… 小さじ1
│ ターメリックパウダー …… 小さじ1/2
└ チリパウダー …… 小さじ1/2
塩 …… 適量
赤玉ねぎ、コリアンダーリーフ …… 各少々

作り方

❶ ローストスパイスパウダーを作る。フライパンにすべてのスパイスを入れ、中火で30〜40秒から煎りする。色づいて香りが出たらブレンダーに移し、粉状になるまで挽く。

❷ 鍋にサラダ油を入れて中火で熱し、クミンシード、カルダモン、シナモンスティック、ベイリーフを加え、軽く混ぜる。玉ねぎを加え、薄茶色になるまで3〜4分炒める。

❸ ②に**A**を加えて混ぜ、ふたをして3〜4分煮る。

❹ ひよこ豆を加え、ゆで汁適量を加えて好みのとろみにする。塩で味を調える。

❺ ①のローストスパイスパウダーを加えて混ぜ、3〜4分煮る。

盛りつけ
器に盛り、赤玉ねぎの薄切り、コリアンダーリーフを飾る。パラータ（109ページ参照）と一緒に食べる。

Drink

Nimboo Pani / Indian Lemonade

インド風レモネード

岩塩とこしょうを加えることで、
暑さと渇きを癒します。

材料（2人分）

レモン果汁 …… 2個分
グラニュー糖 …… 大さじ4
岩塩 …… 小さじ1/4
粗挽きこしょう、塩 …… 各少々
ライム、ミントの葉 …… 各少々

作り方

❶ ボウルにレモン果汁と水2カップを入れ、グラニュー糖、岩塩を加えて混ぜ、グラニュー糖を溶かす。こしょう、塩で味を調え、好みでグラニュー糖を少し足す。

❷ グラスに注ぎ、ライムとミントの葉を飾る。

Hema
の
お気に入り

Saag Mushroom / Spinach Mushroom Curry

ほうれん草とマッシュルームのカレー

緑鮮やかなほうれん草とスパイスを
合わせ、魅力的なペーストにした
北インド・パンジャブ地方のカレー。

27

ほうれん草とマッシュルームのカレー

緑鮮やかなほうれん草とスパイスを
合わせ、魅力的なペーストにした
北インド・パンジャブ地方のカレー。

> ほうれん草は
> 冷凍のものを
> 使っても
> 美味しい

材料（2人分）

ほうれん草 …… 300g
マッシュルーム …… 300g（薄切り）
サラダ油 …… 大さじ2
クミンシード …… 小さじ1
青唐辛子 …… 1本
にんにく …… 3片（みじん切り）
にんにくペースト …… 小さじ1

しょうがペースト …… 小さじ1
オニオントマトグレービー（下記参照）
　またはトマトピューレ …… 大さじ2
チリパウダー …… 小さじ1/2
コリアンダーパウダー …… 小さじ1
塩 …… 適量
しょうが …… 少々

Basic Recipe

Onion Tomato Gravy

オニオントマトグレービー

野菜やチーズ料理の仕上げにも使われる、
北インドの定番グレービーソース。

材料（3カップ分）

サラダ油またはギーまたはバター …… 大さじ4
クミンシード …… 小さじ2
玉ねぎ …… 3個（みじん切り）
にんにく …… 5〜6片（みじん切り）
トマトピューレ …… 400g
トマトペースト …… 大さじ4
しょうが …… 大さじ1（すりおろし）

A｜
フェヌグリークパウダー …… 大さじ1
ガラムマサラ …… 小さじ2
砂糖 …… 小さじ2
チリパウダー …… 小さじ1
カルダモンパウダー …… 小さじ1/2
ターメリックパウダー …… 小さじ1/2
塩 …… 小さじ1/2
粗びき黒こしょう …… 小さじ1/2

作り方

❶ フライパンでサラダ油を熱し、クミンシードを入れる。玉ねぎ、にんにくも加え、色づくまで5〜7分炒める。

❷ トマトピューレ、トマトペースト、しょうがを加えて煮る。

❸ **A**を加えて混ぜ、ふたをして中火で2〜3分煮る。粗熱がとれたら保存容器に入れ、冷蔵庫で3〜4日保存可能。それ以上保存する場合は冷凍庫へ。

作り方

❶ 根を切ったほうれん草は洗い、塩を加えた湯でやわらかくなるまで3〜4分ゆでる。

❷ ほうれん草の水気をきってブレンダーに移し、なめらかなペースト状にする。

❸ 鍋にサラダ油大さじ1を入れて中火で熱し、クミンシード、青唐辛子、にんにくを加え、2〜3分炒めて香りを出す。

❹ ②のほうれん草を加えて混ぜ、火を止める。

❺ フライパンにサラダ油大さじ1を入れて熱し、にんにくペースト、しょうがペーストを加えて1分炒める。マッシュルームを加え、つやが出るまで2〜3分炒める。

❻ ⑤にオニオントマトグレービー、チリパウダー、コリアンダーパウダーを加えて静かに混ぜ、塩で味を調える。

❼ ④の鍋に⑥を加えて混ぜ、火にかける。沸騰してから2〜3分煮る。

盛りつけ
　器に盛り、しょうがのせん切りをのせる。ご飯またはパラータ（109ページ参照）と一緒に食べる。

ほうれん草は3〜4分ゆでます

ブレンダーでペースト状にします

2〜3分炒めると香りが出ます

③にほうれん草を加えます

マッシュルームを2〜3分炒めます

混ぜる時はゆっくりと

沸騰させて2〜3分煮ます

Hema's メモ
日本で手に入るほうれん草のほとんどは西洋種（葉が厚く、丸みがある）。東洋種（葉が薄く、根元が赤い）も栽培されていますが、寒さに弱いうえ虫がつきやすく、あまり見かけません。

材料（2人分）

ベビーポテト …… 10〜12個
　　またはじゃがいも4個(くし形切り)
揚げ油 …… 適量

テンパリング
┌ サラダ油 …… 大さじ2
│ にんにく …… 3片（みじん切り）
│ カルダモン（グリーン） …… 2粒
│ シナモンスティック …… 1本
└ ローリエ …… 2枚

玉ねぎ …… 1個(みじん切り)
┌ フェンネルシード（粉状） …… 小さじ1/2
│ チリパウダー …… 小さじ1
A│ コリアンダーパウダー …… 小さじ1
│ ターメリック …… 小さじ1/2
└ クミンパウダー …… 小さじ1/2
しょうが …… 大さじ1（みじん切り）
トマト …… 3個（ピューレ状にする）
砂糖 …… 小さじ1
塩 …… 適量
プレーンヨーグルト …… 1カップ
コリアンダーリーフ …… 少々

作り方

❶ 鍋にベビーポテトと水5〜6カップ、塩小さじ1/2を入れて5〜7分やわらかくなるまでゆでる。水気をさってベビーポテトの皮をむき、つまようじで数ヶ所穴を開ける。

❷ 揚げ油を170℃に熱し、①を入れて3〜4分揚げる。少し茶色く色づいたら油をきる。

❸ テンパリングをする。別の鍋にサラダ油を入れて中火で熱し、にんにく、カルダモン、シナモン、ローリエを加えて混ぜ、軽く炒める。

❹ ③に玉ねぎを加えて3〜4分炒める。途中、焦げつかないように水少々を加える。

❺ Aのスパイスを加えて混ぜる。

❻ しょうが、トマトのピューレ、砂糖、塩を加え、中火で2〜3分煮詰める。

❼ ヨーグルトを泡立ててから加え、弱火にして静かに混ぜる。②のベビーポテトを加え、弱火で5〜7分煮込む。ベビーポテトに味がなじんだら完成。

盛りつけ
器に盛ってコリアンダーリーフをのせ、パラータ（109ページ参照）またはご飯を添える。

Drink

Mango Lassi / Mango Yogurt Drink

マンゴーラッシー

生マンゴーがない季節は、缶詰のマンゴーでもok。

材料（2人分）

完熟マンゴー …… 2個
　　またはマンゴーの缶詰2カップ
プレーンヨーグルト …… 2カップ
牛乳 …… 50㎖
砂糖 …… 大さじ2

作り方

ブレンダーにすべての材料と水1/2カップを入れ、なめらかになるまで約2分撹拌する。好みで砂糖を足し、冷やしてからグラスに注ぎ、ミントの葉（分量外）を飾る。

Kashmiri Dum Aloo / Kashmir Potato Curry

カシミールポテトカレー

北インド・カシミール地方でよく食べられている
ヨーグルトとトマトベースのカレー。
揚げたベビーポテトがごろごろ入っており、
食べごたえがあります。

作り方❶で
ポテトに穴を
開けると味が
しみます

Makkai Ni Kari / Creamy Corn Curry

コーンカレー

コーンの甘さと食感が存分に味わえる
西インド・グジャラートのマイルドなカレー。
インド大使館でもとりわけ好評な一皿です。

> マスタードシードの
> 有無で、味が
> 大きく変わります

材料（2人分）

コーン（冷凍または缶詰）…… 300g

テンパリング
- サラダ油 …… 大さじ1
- マスタードシード …… 小さじ1
- 赤唐辛子 …… 2本
- カレーリーフ …… 3〜5枚
- アサファティーダパウダー …… 小さじ1/4
- チリパウダー …… 小さじ1/2

A
- しょうが …… 小さじ1（すりおろし）
- ターメリックパウダー …… 小さじ1/2
- 牛乳またはココナッツミルク …… 1と1/2カップ

塩 …… 適量
コリアンダーシード
　…… 大さじ1（ローストして挽いたもの）
コリアンダーの茎 …… 少々
マスタードシードシーズニング（下記参照）
　…… 少々

作り方

❶ コーンは冷凍なら解凍し、半量をブレンダーに入れて粗いピューレ状にする。残りのコーンと合わせておく。

❷ テンパリングをする。鍋にサラダ油を入れて中火で熱し、マスタードシード、赤唐辛子、カレーリーフを加える。マスタードシードがパチパチしたらアサファティーダパウダー、チリパウダーも加え、混ぜながら炒めて香りを出す。

❸ ②に①のコーンを加えて混ぜる。そのあととAを加えてから混ぜ、塩で味を調える。沸騰させて2〜3分煮、コリアンダーシードを加えて火を止める。

盛りつけ
器に盛り、好みでマスタードシードシーズニングをかけ、刻んだコリアンダーの茎を散らす。

Seasoning

Mustard Seed Seasoning

マスタードシードシーズニング

仕上げにかけることで、マイルドな辛みと粒の食感をプラス。

材料（作りやすい分量）

サラダ油 …… 小さじ1
マスタードシード …… 小さじ1/4
カレーリーフ …… 2〜3枚
チリパウダー …… 少々

作り方

❶ フライパンにサラダ油を入れて中火で熱し、マスタードシード、カレーリーフを加えて混ぜる。

❷ チリパウダーを加え、マスタードシードがパチパチするまで炒める。

クリーミーな野菜とチーズのカレー（ナブラタ コルマ）

インドのチーズ「パニール」をふんだんに使った北インド・パンジャブ地方のカレー。
カラフルな野菜を加え、味わいも見た目もリッチに。

材料（2人分）

カリフラワー …… 100g（小房に分ける）

にんじん …… 1本（100g・棒状に切る）

じゃがいも …… 2個

　（200g・3cm長さの棒状に切る）

さやいんげん …… 50g（3cm長さに切る）

グリーンピース（冷凍）…… 1/2カップ

コーン（冷凍）…… 1/2カップ

赤ピーマン …… 1/2個（薄切り）

ピーマン …… 1/2個（薄切り）

パニール（インド風カッテージチーズ・
　38ページ参照）…… 1カップ（角切り）

カレーマサラ

┌ カシューナッツ …… 大さじ2

│　┌ コリアンダーシード …… 大さじ2

│　│ クミンシード …… 小さじ2

A 赤唐辛子 …… 3本（種を除く）

│　│ クローブ …… 3〜4粒

│　└ 粒こしょう …… 6〜8粒

│ ミントパウダー …… 小さじ1

└ 青唐辛子 …… 1本

サラダ油 …… 大さじ1と1/2

玉ねぎ …… 1個（みじん切り）

にんにくペースト …… 小さじ1

しょうがペースト …… 小さじ1

┌ トマトピューレ …… 1カップ

│ 砂糖 …… 小さじ1

B ターメリックパウダー …… 小さじ1/2

│ ガラムマサラ …… 小さじ1/2

└ 塩 …… 適量

塩 …… 小さじ1/4

作り方

❶ 鍋に水4〜5カップを入れて沸騰させ、にんじん、じゃがいもを3〜4分ゆで、その後カリフラワー、さやいんげんを入れて4〜5分ゆで、水気をきる。

❷ カレーマサラを作る。カシューナッツは水50mlに入れて10分浸す。

❸ フライパンにAのスパイスを入れ、香りが出るまで1分加熱し、ミントパウダーを入れて火を止める。ブレンダーに移して粉状に挽く。カシューナッツを水ごと加え、青唐辛子も加え、ブレンダーでなめらかなペースト状にする。

❹ 大きめの鍋にサラダ油を入れて中火で熱し、玉ねぎ、にんにくペースト、しょうがペーストを薄茶色になるまで炒める。Bを加えて味を調え、フライパンの側面から油がにじむまで、3〜4分煮る。

❺ ④に③のカレーマサラを加え、水1カップも加えて沸騰させ、2〜3分煮る。

❻ ①の野菜に、残りの材料であるパニール、グリーンピース、コーン、ピーマン類を加え、静かに混ぜる。中火で4〜5分煮て、塩で調味する。

盛りつけ
器に盛り、パトゥーラ（43ページ参照）かごはんを添える。大さじ1杯の生クリームを足すとまろやかになる。

作り方❷の
カレーマサラは
作り置きも可能

なすとゴーヤのマイルドカレー

東インド・ベンガル地方の辛くないカレー。
ミルクベースのやさしい味わいを
ポピーシードとマスタード風味が引き立てます。

揚げた野菜を
カレーに入れる
のが特徴的

材料（2人分）

なす …… 1本（くし形切り）

ゴーヤ …… 1本（2mm厚さの輪切り）

じゃがいも …… 1個（細いくし形切り）

にんじん …… 1本（拍子木切り）

いんげん …… 6〜8本（3cm長さに切る）

大根 …… 3cm（厚めにスライス）

ドラムスティック …… 1本（3cm長さに切る）

揚げ油 …… 適量

マスタードオイルまたはサラダ油 …… 適量

A ┌ ポピーシード …… 大さじ1
　│ 米粉 …… 小さじ1
　└ 水 …… 50ml

テンパリング

┌ マスタードオイルまたはサラダ油 …… 大さじ1と1/2
│ ローリエ …… 2枚
│ 赤唐辛子 …… 2本
└ パンチフォロン（下記参照）…… 小さじ1

しょうがペースト …… 小さじ1

マスタードペースト …… 小さじ1

ココナッツパウダー
　またはココナッツシュレッド …… 大さじ2

砂糖 …… 小さじ1

塩 …… 適量

牛乳 …… 300ml

作り方

❶ 野菜類はそれぞれ切っておく。

❷ 揚げ油を180℃に熱し、なす、ゴーヤ、じゃがいも、にんじん、いんげん、大根、ドラムスティックを揚げる。軽く色づいたら取り出して油をきる。

❸ Aの材料はすべてブレンダーに入れ、なめらかなペースト状にする。

❹ テンパリングをする。鍋にマスタードオイルを入れて中火で熱し、ローリエ、赤唐辛子、パンチフォロンを加えて、スパイスの粒をつぶしながらパチパチするまで1〜2分炒める。

❺ ④にしょうがペースト、マスタードペーストを加えて軽く混ぜ、焦げつかないように水大さじ2〜3を加える。

❻ ②の揚げ野菜、ココナッツパウダー、砂糖、塩を加え、静かに混ぜる。

❼ 牛乳、③を加えてふたをし、4〜5分煮て味をなじませる。

Hema's メモ

仕上げにギーを少し加えると、さらに風味豊かになります。

Spice Mix

Panch Phoren
- - - - - - - - - - -
パンチフォロン

ベンガル料理によく使われるブレンドスパイス。

材料（作りやすい分量）

マスタードシード、クミンシード、フェンネルシード、ニゲラシード、フェヌグリークシード
…… 各大さじ1

作り方

すべて混ぜ合わせ、密閉容器で保管する。

Hema
の
お気に入り

Dhansakh / Vegetable and Lentil Curry
野菜とレンズ豆のカレー（ダンサック）

豆と野菜をペースト状にしたソースが
甘くまろやかな、西インド・ムンバイ発祥のカレー。
スパイシーなライスと一緒にどうぞ。

野菜とレンズ豆のカレー（ダンサック）

豆と野菜をペースト状にしたソースが
甘くまろやかな、西インド・ムンバイ発祥のカレー。
スパイシーなライスと一緒にどうぞ。

フライドオニオン
の有無で
口当たりが
変わります

材料（2人分）

トゥール豆（黄レンズ豆）…… 1カップ

ムング豆 …… 1/4カップ

赤レンズ豆 …… 1/4カップ

A かぼちゃ …… 100g（角切り）
なす …… 1本（半月切り）
じゃがいも …… 1個（角切り）
ズッキーニまたは冬瓜、白瓜
…… 1カップ（半月切り）

フェヌグリークリーフ（乾燥）…… 大さじ1

ギーまたはサラダ油 …… 大さじ2

赤玉ねぎ …… 2個（みじん切り）

にんにくペースト …… 大さじ1

しょうがペースト …… 大さじ1

トマト …… 3個（角切り）

ダンサックマサラ（下記参照）…… 大さじ3

ターメリックパウダー …… 小さじ1/2

クミンパウダー …… 小さじ1/2

粗びき黒こしょう …… 少々

塩 …… 適量

フライドオニオン …… 少々

Basic Recipe

Dhansak Masala
ダンサックマサラ

ダンサックに欠かせないブレンドスパイス。

材料（作りやすい分量）

A シナモンスティック …… 1本
赤唐辛子 …… 4〜5本（種を除く）
ベイリーフ …… 1枚
コリアンダーシード …… 大さじ2
クミンシード …… 大さじ1
フェヌグリークシード …… 小さじ1/2
マスタードシード …… 小さじ1/2
カルダモン …… 2〜3粒（殻を除く）
クローブ …… 6〜8粒
粒こしょう …… 8〜10粒

B ターメリックパウダー …… 小さじ2/3
ナツメグパウダー …… 小さじ1/4
八角パウダー …… 少々
メース（ナツメグ）パウダー …… 少々

作り方

❶ 鍋にAのスパイスを入れ、香りが出るまで混ぜながら中火でから煎りする。火を弱め、Bのスパイスを加える。静かに混ぜて火を止める。

❷ ブレンダーに移して粉状に挽く。密閉容器に保存する。

作り方

❶ 3種類の豆は合わせて洗い、水2カップに入れて30分浸し、水気をきる。**A**の野菜類はそれぞれ切っておく。フェヌグリークリーフは軽くローストして細かくする。

❷ ①を圧力鍋か普通の鍋に入れ、水4カップを加えて野菜がやわらかくなるまでゆでる（普通の鍋なら中火で10〜15分）。

❸ ②の粗熱がとれたらブレンダーで粗いピューレ状にする。

❹ 他の鍋にギーを入れて中火で熱し、赤玉ねぎ、にんにくペースト、しょうがペーストを加え、玉ねぎが色づくまで3〜4分炒める。

❺ トマト、ダンサックマサラ、ターメリックパウダー、クミンパウダー、粗びきこしょうを加え、トマトがやわらかくなるまで2〜3分炒める。

❻ ⑤に③を加えて混ぜ、水大さじ2〜3を加えて好みのやわらかさにする。フェヌグリークリーフ少々（分量外）と塩で味を調え、中火で4〜5分煮る。
盛りつけ
器に盛り、フライドオニオンをのせる。

Rice

Dhansak Rice

ダンサックライス

甘くエキゾチックな香りのブラウンライス。
炊飯器で手軽に炊けます。

材料（作りやすい分量）

バスマティ米 …… 2カップ（200g）

砂糖 …… 大さじ1

サラダ油 …… 大さじ2

玉ねぎ …… 2個（薄切り）

┌ ベイリーフ …… 1枚
│ シナモンスティック …… 1本
A カルダモン …… 3粒
│ クローブ …… 5〜6粒
└ 粒こしょう …… 5〜6粒

塩 …… 少々

作り方

❶ バスマティ米は洗い、30分水に浸す。

❷ 鍋を中火で熱し、砂糖を加えてカラメル状に溶かす。茶色くなったら水1/2カップを加えて混ぜ、火を止める。

❸ 別の鍋にサラダ油を入れて熱し、玉ねぎと**A**を加えて4〜5分炒める。玉ねぎが茶色くなったら、①と②を加え、水3カップと塩も加えて混ぜる。

❹ 炊飯器に移して普通に炊く。

Sindhi Kudhi / Vegetable curry with Besan

シンディカレー

西インド・マハーラーシュトラ州の州都・ムンバイのカレー。
タマリンドの酸味をきかせ、ベサン粉（ひよこ豆粉）でとろみをつけます。

> タマリンドは、
> レモン汁でも
> 代用できます

材料（2人分）

さやいんげん …… 6〜8本（3cm長さに切る）
じゃがいも …… 1個（角切り）
オクラ …… 4〜6本（長めに切る）
カリフラワー …… 4〜5房
ドラムスティック …… 1本（3cm長さに切る）
サラダ油 …… 大さじ2
クミンシード …… 小さじ1/2
マスタードシード …… 小さじ1/2
フェヌグリークシード …… 小さじ1/4
ベサン粉または小麦粉 …… 大さじ2
チリパウダー …… 小さじ1/2
トマト …… 2個（角切り）
A｜赤唐辛子 …… 2本（腹に切り目を入れる）
｜しょうが …… 小さじ1（すりおろし）
｜カレーリーフ …… 4〜6枚
｜ターメリックパウダー …… 小さじ1/4
｜チリパウダー …… 小さじ1/2
塩 …… 適量

タマリンドペースト …… 大さじ1
フェヌグリークリーフ
…… 大さじ1（軽く煎って粉状にする）

作り方

1. 野菜類はそれぞれ切っておく。
2. 鍋にサラダ油を入れて中火で熱し、クミンシード、マスタードシード、フェヌグリークシードを加えて炒める。ベサン粉を加え、黄金色になるまで2〜3分混ぜる。
3. ②にチリパウダー、トマト、水2カップを加え、よく混ぜる。
4. Aを加え、塩で味を調える。
5. さやいんげん、じゃがいも、オクラ、カリフラワー、ドラムスティックを加え、ふたをして野菜がやわらかくなるまで中火で8〜10分煮る。
6. タマリンドペースト、フェヌグリークリーフを加えて混ぜ、ふたをして火を止め、2〜3分味をなじませる。

Bread

Bhatura / Puffed Deep Fried Bread
バトゥーラ

ぷくっとふくらませた、
香ばしい北インドの揚げパン。

材料（12〜15個分）

小麦粉 …… 2カップ
A｜プレーンヨーグルト …… 大さじ3
｜サラダ油 …… 大さじ1
｜塩 …… 小さじ1/4
炭酸水 …… 1カップ
打ち粉用小麦粉、揚げ油 …… 各適量

作り方

1. ボウルに小麦粉を入れてAを加え、指でこすり合わせるようにしてポロポロになるまで混ぜる。炭酸水を少しずつ加え、やわらかい生地にまとまるまでよくこねる。
2. ぬれぶきんをかぶせ、10分おく。
3. 再び全体をこねてから12〜15等分のボール状に分ける。軽く打ち粉をまぶし、麺棒で直径5〜6cmの平たい円形にする。
4. 揚げ油を180℃に熱し、③を1枚ずつ入れる。ふくらんできたら油をかけ、黄金色になったら取り出して油をきる。これを繰り返してすべて揚げる。

カリフラワーとポテトのバター風味カレー

材料（2人分）

じゃがいも …… 3個

カリフラワー …… 2カップ（小房に分ける）

グリーンピース（冷凍）…… 大さじ2

ピーマン …… 1個（みじん切り）

バターまたはギー …… 大さじ3

クミンシード …… 小さじ1

にんにく …… 3かけ（すりおろす）

赤玉ねぎ …… 1個（みじん切り）

トマト …… 4個（粗いピューレ状にする）

A
| パヴバジマサラパウダー（市販品）…… 小さじ2
| ターメリックパウダー …… 小さじ1/2
| チリパウダー …… 小さじ1/2
| 塩 …… 少々

こしょう …… 少々

バター、赤玉ねぎ、コリアンダーシード、
　レモン、青唐辛子 …… 各少々

バターロール …… 適量

西インドのムンバイ発祥、屋台などで人気のストリートフード。
マッシュしたじゃがいもとカリフラワーに
バター風味のトマトソースがよく合います。
パンと一緒に食べるのが一般的。

作り方

❶ じゃがいもはやわらかくなるまでゆ
で、皮をむく。カリフラワーもゆで、
じゃがいもと合わせて粗くつぶす。

❷ 鍋にバターを入れて中火で熱し、ク
ミンシード、にんにく、赤玉ねぎを
加える。玉ねぎがやわらかくなるま
で3〜4分炒める。

バターやギーを
たっぷり使うと、
より美味しい

❸ ②にトマトのピューレと**A**を加えて
混ぜる。

❹ ①を加え、グリーンピース、ピーマ
ン、こしょうも加えてよく混ぜる。
ふたをして中火で5〜6分煮る。

盛りつけ
器に盛って温いうちにバターをのせ、
赤玉ねぎとコリアンダーリーフのみ
じん切りをふる。温めたバターロー
ルとレモン、青唐辛子を添える。

手作りすれば
美味しさも
さらにアップ

India's Basic Recipe
インドのベーシックレシピ

Paneer
パニール（インド風カッテージチーズ）

２つの材料で作れるフレッシュなチーズ。
カレーの具やスイーツとして、
幅広く使われます。

材料（200g分）

牛乳 …… 1500㎖
レモン汁または米酢 …… 大さじ3〜4

作り方

❶ 鍋に牛乳を入れて火にかけ、レモン汁を
　少しずつ加えて混ぜる。表面がかたまっ
　てきて、完全に分離したら火を止める。
　ふたをして10〜15分そのままおく。

❷ 清潔な布（ガーゼやふきん）をざるにの
　せ、①を流し入れて漉し、固形（パニー
　ル）と液体（ホエイ）に分ける。

❸ パニールの入った布を水道の蛇口などに
　結び、40〜50分かけて水分を出す。

❹ 水で洗い、布で包んだままパニールがか
　たまるまで重石をのせ、さらに水分を出
　す。そのまま冷蔵庫で2時間ほど冷やし
　かため、布をはずす。

❺ 小さめの角切りにして保存容器に入れる。
　冷蔵庫で3〜4日保存可能。それ以上保
　存する場合は冷凍庫へ。

Butter Tomato Sauce
バタートマトソース

カシューナッツ入りの濃厚なトマトソース。
パンジャブ地方の料理によく使われます。

材料（3カップ分）

カシューナッツ …… 大さじ2
バターまたはギー …… 大さじ4
玉ねぎ …… 2個（すりおろし）
にんにくペースト …… 小さじ1
トマトピューレ …… 400g
A ｜ しょうがペースト …… 小さじ1
　 ｜ チリパウダー …… 小さじ1
ターメリックパウダー …… 小さじ1/2
ガラムマサラ …… 小さじ1/2
カルダモンパウダー …… 小さじ1/4
砂糖 …… 小さじ1
塩 …… 小さじ1/2
こしょう …… 小さじ1/2
フェヌグリークパウダー …… 大さじ1

作り方

❶ カシューナッツは水に30分浸
　し、水気をきってブレンダーに
　移し、ペースト状にする。

❷ 鍋にバターを入れて中火で熱し、
　玉ねぎ、にんにくペーストを加
　え、香りが出るまで3〜4分炒
　める。

❸ ②にトマトピューレとAを加え、
　中火で5〜6分煮詰める。

❹ ①とフェヌグリークパウダーを
　加えて2〜3分煮る。粗熱がと
　れたら完成。冷蔵庫で3〜4日
　保存可能。それ以上保存する場
　合は冷凍庫へ。

Curries of Nepal

ネパールのカレーレシピ

　壮大なエベレスト山を含むヒマラヤ山脈を擁し、美しい寺院と宮殿が点在する神秘的な国・ネパール。その料理はシンプルかつ繊細なものが多く、インドとチベットの影響が混ざり合っています。

　多くのネパール人にとって基本食と言えるのが「ダルバート・タルカリ」で、ダル（豆）、バート（ご飯）、タルカリ（おかず）、アチャール（漬物）から構成されています。通常は午前中と夕方にこのダルバート・タルカリを食べ、昼食は「モモ」（チベット風餃子）などの軽食ですますことが多いようです。

● Kathmandu

● Everest

〈食文化〉
ネパールの農業では米、小麦、トウモロコシ、ジャガイモなどが主な食用作物。主食はインディカ米、ディロ（ソバやトウモロコシなどの粉をお粥のように煮たもの）、チャパティ、バラ（豆の粉を使ったパンケーキのようなもの）などです。

ヒマラヤ山脈にある、世界最高峰エベレスト。初登頂は1953年、イギリス探検隊のエドモント・ヒラリー氏と、シェルパのテンジン・ノルゲイ氏。

Dhal Bhat Tarkari

ダル バート タルカリ

ネパールの国民食とも言える
「ダルバート・タルカリ」。
ご飯にカレースープやおかずを混ぜ、
手で食べるのが本場流です。

Jhaneko Dhal

レンズ豆とひよこ豆のカレー

➡p.50

48

Hariyo Salad
ハリヨーサラダ
➡p.51

Chyaw Ko Tarkari
きのこのカレー
➡p.54

ネパール

Mismas Tarkari/Vegetable Curry
ミックス野菜のカレー
➡p.52

Sak/Stir Fried Spinach
ほうれん草のスパイス炒め
➡p.50

Jhaneko Dhal

レンズ豆とひよこ豆のカレー

ダルバートの主役である豆カレー。
2種類の豆をやわらかく煮ています。

フェヌグリーク
シードは
ネパール料理
の特徴

材料（2人分）

赤レンズ豆 …… 1カップ
ひよこ豆（水煮缶）…… 1/2カップ

テンパリング
┌ バターまたはギー …… 大さじ1と1/2
│ ベイリーフ …… 2枚
│ フェヌグリークシード …… 小さじ1/2
│ アジワンシード …… 小さじ1/2
└ コリアンダーシード …… 小さじ1
にんにくペースト …… 小さじ1/2

しょうがペースト …… 小さじ1/2
カレーリーフ …… 4〜6枚
青唐辛子 …… 1本（みじん切り）
赤玉ねぎ …… 1個（みじん切り）
トマト …… 1個（角切り）
┌ クミンパウダー …… 小さじ1/2
│ ターメリックパウダー …… 小さじ1/2
A チリパウダー …… 小さじ1/2
└ ガラムマサラ …… 小さじ1/2
塩 …… 適量
グリーンピース …… 適量

Side Dish

Sak/Stir Fried Spinach

ほうれん草のスパイス炒め

野菜を調味料と混ぜ、なじませるだけ。

材料

ほうれん草 …… 100g（食べやすく切る）
サラダ油 …… 小さじ2
クミンシード …… 小さじ1/2
玉ねぎ …… 1個（みじん切り）
にんにく …… 3片（みじん切り）
しょうが …… 小さじ1（みじん切り）
トマト …… 1個（角切り）
┌ ターメリックパウダー …… 小さじ1/4
A カレー粉 …… 小さじ1/2
└ 塩 …… 少々
こしょう …… 少々

作り方

❶ 鍋にサラダ油を入れ、クミンシードを熱する。香りが出たら玉ねぎ、にんにく、しょうがを加え、玉ねぎが半透明になるまで3〜4分炒める。

❷ ①にトマト、Aを加えて味を調え、こしょうも加えてよく混ぜる。

❸ ほうれん草を加えて軽く混ぜ、ふたをする。ほうれん草がやわらかくなるまで中火で3〜4分加熱する。

作り方

❶ 豆をゆでる。赤レンズ豆とひよこ豆は水に
10分浸し、水気をきって鍋に入れる。水3
カップを加え、中火で12〜15分ゆでる。赤
レンズ豆がやわらかくクリーミーになった
ら完成。圧力鍋なら5〜7分でよい。

❷ テンパリングをする。鍋にバターを入れて
中火で熱し、その他の材料を加える。フェ
ヌグリークシードが濃茶色になるまで、1
分ほど混ぜながら加熱する。

❸ ②ににんにくペースト、しょうがペースト、
カレーリーフ、青唐辛子を加えて混ぜる。

❹ 赤玉ねぎを加え、半透明になるまで3〜4
分炒める。

❺ トマトを加えて2〜3分煮る。Aを加えてよ
く混ぜる。

❻ ①の豆をゆで汁ごと加える。塩で味を調え、
煮立たせる。全体がなじむまで中火で5〜
6分煮る。グリーンピースを入れて火を止
め、ふたをして5分おく。

Salad

Hariyo Salad/Green Salad

ハリヨーサラダ

クミンとターメリックで香りよく。

材料

きゅうり …… 1本（5cm長さの薄切り）

にんじん …… 1/2本（5cm長さの薄切り）

大根 …… 2.5cm厚さ（5cm長さの細切り）

キャベツ …… 1カップ（刻む）

好みで青唐辛子 …… 1本（細かく刻む）

チリパウダー …… 少々

レモン果汁 …… 小さじ2

塩 …… 適量

作り方

すべての材料をボウルに入れてよく混ぜ、
10分おく。

Mismas Tarkari / Mixed Vegetable Curry

ミックス野菜のカレー

じゃがいも、カリフラワーなど
食べごたえのある野菜をふんだんに使い、
クセのないマイルドな味に仕上げます。

野菜は
冷凍のものを
使っても
大丈夫

材料（2人分）

じゃがいも …… 1個（角切り）

カリフラワー …… 4〜6房

ブロッコリー …… 4〜6房

さやいんげん …… 6〜8本（5cm長さ）

大根 …… 2.5cm厚さ（棒状に切る）

にんじん …… 1/2本（半月切り）

ほうれん草の葉 …… 1カップ（ざく切り）

テンパリング
- ギーまたはココナッツオイル
   …… 大さじ1と1/2
- フェヌグリークシード …… 小さじ1/2

カレーリーフ …… 2〜3枚

青唐辛子 …… 1本（腹に切り目を入れる）

玉ねぎ …… 1個（みじん切り）

にんにくペースト …… 小さじ1/2

しょうがペースト …… 小さじ1/2

トマト …… 2個（みじん切り）

A
- コリアンダーパウダー …… 小さじ1/2
- クミンパウダー …… 小さじ1/2
- ターメリックパウダー …… 小さじ1/2
- ガラムマサラ …… 小さじ1/2

塩、こしょう …… 各適量

作り方

❶ 野菜類はそれぞれ切っておく。

❷ テンパリングをする。鍋にギーを入れて中火で30秒熱し、フェヌグリークシードを加えて濃茶色になるまで加熱する。

❸ ②にカレーリーフ、青唐辛子、玉ねぎ、にんにくペースト、しょうがペーストを加える。好みで塩少々を加え、玉ねぎがやわらかくなるまで2〜3分炒める。

❹ トマトとAを加えてよく混ぜ、2〜3分煮る。

❺ じゃがいも、カリフラワー、ブロッコリー、さやいんげん、大根、にんじんを加えて混ぜる。塩、こしょうで味を調え、水300mlを加える。ふたをして野菜がやわらかくなるまで中火で8〜10分煮込む。

❻ ほうれん草を加えて混ぜ、火を止めて5分おき、余熱で火を通す。

材料（2人分）

しいたけ …… 6〜8個（薄切り）

マッシュルーム …… 6〜8個（薄切り）

しめじ …… 2カップ（ほぐす）

テンパリング
- サラダ油 …… 大さじ1と1/2
- フェヌグリークシード …… 小さじ1

カレーリーフ …… 2〜3枚

青唐辛子
　…… 2本（腹に切り目を入れる）

玉ねぎ …… 1個（みじん切り）

にんにく …… 3片（つぶす）

しょうがペースト …… 小さじ1

トマト …… 2個（角切り）

- クミンパウダー …… 小さじ1/2
- **A** ターメリックパウダー …… 小さじ1/2
- ガラムマサラ …… 小さじ1

塩 …… 適量

作り方

❶ きのこ類はそれぞれ切って洗い、水をきっておく。

❷ テンパリングをする。鍋にサラダ油を入れて中火で熱し、フェヌグリークシードを加えて濃茶色になるまで20〜30秒炒める。

❸ ②にカレーリーフ、青唐辛子、玉ねぎ、にんにく、しょうがペーストを加える。玉ねぎがやわらかくなるまで3〜4分炒める。

❹ トマトを加えて炒め、ふたをして、やわらかくなるまで2〜3分煮る。

❺ Aを加えて軽く混ぜる。きのこ類を加えて混ぜ、塩で味を調える。きのこがやわらかくなるまで中火で4〜5分煮る。

盛りつけ
器に盛り、ご飯、ライムを添える。

Side Dish

Momo

モモ（ネパール風餃子）

野菜をたっぷり加えたベジタリアンモモ。
蒸しても揚げても美味。

材料（20個分）

餃子の皮 …… 20枚

バターまたはサラダ油 …… 大さじ1

玉ねぎ …… 1個（みじん切り）

塩、こしょう …… 各適量

にんじん …… 1本（すりおろす）

キャベツ …… 2カップ（刻む）

長ねぎ …… 1本（みじん切り）

しょうが …… 小さじ1（すりおろす）

モモマサラ（市販品） …… 小さじ1

トマトチャツネ、コリアンダーリーフ …… 各適量

作り方

❶ 鍋にバターを入れて中火で熱し、玉ねぎを3〜4分炒める。やわらかくなったら水少量を加え、塩を少し加えてさらに2〜3分炒める。

❷ にんじん、キャベツ、長ねぎ、しょうがを加えて混ぜ、ふたをして3〜4分煮る。ふたを取り、水分がとぶまで加熱する。

❸ ②にモモマサラ、塩、こしょうを加えて味を調え、よく混ぜて冷ます。

❹ まな板に餃子の皮を置き、③を等分ずつ中央にのせる。皮の端に水少々をつけ、ひだを寄せて包む。これを20個作る。

❺ オーブンペーパーにサラダ油をぬって蒸し器に敷き、間隔をあけてモモ10個を置く。15〜18分蒸し、ふたを取って2〜3分おく。

❻ 揚げ油を180℃に熱して残りのモモをこんがりと揚げ、油をきる。

❼ ⑤、⑥を器に盛り、トマトチャツネを添え、コリアンダーリーフを飾る。

Chyaw Ko Tarkari / Mushroom Curry

きのこのカレー

ほのかな酸味と辛味のあるトマトベース。
きのこは数種類をミックスすることで、
うまみが強くなります。

複数のきのこを
使うと美味しさが
アップ

55

栄養たっぷり
で作り方は
シンプル

Hema's Home Cooking
ヘーマの家庭料理①

Masala Mag / Green Mung Curry
グリーンムング豆のカレー（マサラ マグ）

シンプルな材料で手軽に作れる、
グジャラート地方の豆カレー。

ムング豆
（ホール）

材料 (2人分)

ムング豆（ホール）…… 1カップ

サラダ油 …… 大さじ1と1/2

A
クミンシード …… 小さじ1
アサファティーダパウダー …… 小さじ1/4
青唐辛子 …… 1本（腹に切り目を入れる）
カレーリーフ …… 4〜6枚

B
トマト …… 2個（角切り）
しょうが …… 小さじ1（みじん切り）
ターメリックパウダー …… 小さじ1/4
コリアンダーパウダー …… 小さじ1
チリパウダー …… 小さじ1/2

塩 …… 適量

コリアンダーリーフ …… 少々

作り方

❶ ムング豆は水に30〜40分浸し、水気をきる。圧力鍋に入れて水3カップを加え、やわらかくなるまで中火で8〜10分ゆでる（普通の鍋の場合は20〜25分）。

❷ 別の鍋にサラダ油を入れて熱し、**A**を加えて10秒くらい軽く混ぜる。

❸ 香りが出たら**B**を加える。

❹ ①をゆで汁ごと加え、塩で味を調える。沸騰させ、4〜5分煮詰める。

盛りつけ

器に盛り、コリアンダーリーフを飾る。ご飯と一緒に食べる。

Curries of Sri Lanka
スリランカのカレーレシピ

〈食文化〉
スリランカの主食は、ライス＆カリーのほか、魚のカツレツ（ほぐした魚の身をマッシュポテトや刻み玉ねぎなどと混ぜ、パン粉をまぶして揚げたもの）やマッルン（キャベツやケールなどを刻み、香辛料などと蒸し炒めにしたもの）、キリバット（ココナッツミルクで炊いたご飯）などがよく食べられています。

キャンディはスリランカ中部州の州都。仏教の聖地で、ユネスコ世界遺産に登録されている。

● Kandy

● Colombo

"インド洋に浮かぶ真珠"と称される島国・スリランカ。隣接する南インド料理との共通点が多く、また、オランダ、ポルトガル、イギリス、アラブ世界からの影響も受けており、多彩な料理文化が開花。新鮮な野菜、果物、魚介がふんだんに使われ、特にスパイスとココナッツを多用する傾向があります。

ふだんの食事としてはご飯、ひとつまたはいくつかのカレー、サンボルなどで構成される「ライス＆カリー」が一般的。スリランカのカレーは、濃いピンクや黄色、明るい茶色など色彩豊か。野菜の鮮やかな緑と好対称をなしています。

Kaju Maluwa / Cashew nut Curry

カシューナッツカレー

Hema
の
お気に入り

甘みが強いことで知られる名産のカシューナッツを
ココナッツミルクで煮た、スリランカらしい一品。
ポルサンボルを添え、辛さを調節して。

Kaju Maluwa / Cashew nut Curry
カシューナッツカレー

ナッツは
お湯に浸せば
10分で
OKです

甘みが強いことで知られる名産のカシューナッツを
ココナッツミルクで煮た、スリランカらしい一品。
ポルサンボルを添え、辛さを調節して。

材料（2人分）

カシューナッツ（半割り）…… 150g

テンパリング
- ギーまたはココナッツオイル
  …… 大さじ1と1/2
- フェヌグリークシード …… 小さじ1/2
- クミンシード …… 小さじ1/2
- ベイリーフ …… 1枚
- 八角 …… 1個
- シナモンスティック …… 2〜3cmのもの1本
- 赤唐辛子 …… 1本

赤玉ねぎ …… 1個（みじん切り）
カレーリーフ …… 1枝
青唐辛子 …… 1本（腹に切り目を入れる）
A クミンパウダー …… 小さじ1
チリパウダー …… 小さじ1/2
ターメリックパウダー …… 小さじ1/4
ココナッツミルク …… 1カップ
塩 …… 適量
ココナッツクリーム …… 50mℓ（1/4カップ）
カレーパウダー …… 1つまみ

Hema's メモ
カシューナッツは、じゃがいも、
バナナ、さやいんげん、白瓜、か
ぼちゃ、オクラなどに置き換えて
もおいしく作れます。

作り方

❶ カシューナッツは水に浸して2時間
ほどおく。

❷ テンパリングをする。鍋にギーを入
れて中火で熱し、スパイス類をすべ
て入れる。フェヌグリークシードが
暗褐色になるまで1〜2分炒める。

❸ 赤玉ねぎと青唐辛子、カレーリーフ
を加え、少し色づくまで中火で2〜
3分炒める。

❹ Aを加えて混ぜる。

❺ 水きりしたカシューナッツも加え、
割れないように注意して混ぜ、スパ
イスを全体にまぶす。

❻ ココナッツミルクと塩を加えて味を
調え、ふたをする。カシューナッツ
がやわらかくなるまで中火で8〜10
分煮る。

❼ ココナッツクリームを加えてコクを
出し、火を止める。

盛りつけ
器に盛り、ご飯、ポルサンボル（63
ページ参照）を添える。

❶ カシューナッツは水に浸してやわらかくします

❷ テンパリングをしてスパイスの香りを出します

❸ 赤玉ねぎは少し色づくまで中火で2〜3分炒めます

❹ クミンパウダーやチリパウダーなどを加えます

❺ カシューナッツが割れないようにやさしく混ぜます

❻ ココナッツミルクと塩を加えて煮込みます

❺ ココナッツクリームを加えてコクを出します

Sri Lankan Beetroot Curry
ビーツのカレー

ロシア料理のボルシチで知られるビーツですが、
スリランカでも一般的です。
鮮やかな赤紫色が情熱的でエキゾチック!

材料（2人分）

ビーツ …… 3～4個（400g）

（ビーツは前日に
ゆでておくと
スピーディ）

テンパリング

- サラダ油 …… 大さじ1と1/2
- シナモンスティック …… 小1本
- フェヌグリークシード …… 小さじ1/2
- カレーリーフ …… 4～6枚
- 青唐辛子
　…… 1本（腹に切り目を入れる）

赤玉ねぎ …… 1個（薄切り）

にんにく …… 2片（みじん切り）

トマト …… 1個（角切り）

A
- コリアンダーパウダー …… 小さじ1
- チリパウダー …… 小さじ1
- ターメリックパウダー …… 小さじ1/4

ココナッツミルク …… 1カップ

塩 …… 適量

ココナッツクリーム、コリアンダーリーフ
　…… 各少々

作り方

❶ ビーツは皮をむき、5cm長さの太い
マッチ棒状に切る。

❷ テンパリングをする。鍋にサラダ油
を入れて中火で熱し、シナモンスティ
ック、フェヌグリークシード、カ
レーリーフ、青唐辛子を入れて混ぜ
る。フェヌグリークシードが暗褐色
に変わるまで1分炒める。

❸ ②に赤玉ねぎ、にんにくを加え、赤
玉ねぎが薄茶色になるまで3～4分
炒める。

❹ トマトと**A**を加え、静かに混ぜる。

❺ ビーツとココナッツミルクを加えて
混ぜ、塩で味を調える。ふたをして、
ビーツがやわらかくなるまで中火で
6～7分煮る。

盛りつけ

器に盛ってココナッツクリームをた
らし、コリアンダーリーフを飾る。
ご飯と一緒に食べる。

Side Dish

Pol Sambal / Coconut Sambal
ポル サンボル

カレーやご飯にかけて食べる、
スリランカ版ふりかけ。

材料（1カップ分）

- ココナッツシュレッド …… 1カップ
- 赤玉ねぎ …… 1個（みじん切り）
- 白粒こしょう …… 6～8個（粗びき）
- チリフレーク、パプリカパウダー
　…… 各小さじ1
- ライム果汁 …… 小さじ2
- 塩 …… 適量
- コリアンダーリーフ …… 少々

作り方

❶ ココナッツシュレッドと赤玉ねぎをボウルに入れ、
こしょう、チリフレーク、パプリカパウダーを加え
て手でよく混ぜる。

❷ ライム果汁と塩で味を調
え、混ぜる。器に盛って
コリアンダーリーフを飾
る。密閉容器に入れ、冷
蔵庫で2～3日または冷
凍庫で1ヵ月保存可能。

ローストココナッツかぼちゃカレー

かぼちゃをまろやかなココナッツで煮て
唐辛子の辛味をピリッときかせます。
香ばしく炒ったマサラが味の決め手。

ロースト
ココナッツ
マサラは
作り置きOK

材料（2人分）

かぼちゃ …… 300g

ローストココナッツマサラ

    玉ねぎ …… 1個（みじん切り）
    にんにく …… 2片
    しょうが …… 2.5cm
A 赤唐辛子 …… 2本
    コリアンダーシード …… 小さじ1
    フェンネルシード …… 小さじ1/2
    クミンシード …… 小さじ1/2
    ココナッツパウダー …… 1/2カップ

テンパリング

    サラダ油 …… 大さじ1と1/2
    フェヌグリークシード …… 小さじ1/2
    シナモンスティック …… 小1本
    カレーリーフ …… 1枝
    青唐辛子
        …… 2本（腹に切り目を入れる）

ターメリックパウダー …… 小さじ1/4
カレーパウダー …… 小さじ1
ココナッツミルク …… 2カップ
塩 …… 適量
ココナッツクリーム …… 大さじ2
マスタードペースト …… 小さじ1/4
ココナッツシュレッド …… 少々（炒ったもの）

作り方

❶ かぼちゃは軽く皮をむき、少し皮を
つけたまま2cm角に切る。

❷ ローストココナッツマサラを作る。
フライパンを中火で熱し、**A**を入れ、
玉ねぎとにんにくが軽く色づくまで
6〜8分から煎りする。

❸ ②にココナッツパウダーを加え、香
りが出るまで1分ほど加熱する。ブ
レンダーに移し、水大さじ2〜3を
加えてなめらかなペースト状にする。

❹ テンパリングをする。鍋にサラダ油
を入れて中火で熱し、フェヌグリー
クシード、シナモンスティック、カ
レーリーフ、青唐辛子を加えて1分
ほど炒める。

❺ ④に③のローストココナッツマサラ
を加え、3〜4分炒める。縁を見て油
が分離したら、かぼちゃ、ターメリ
ックパウダー、カレーパウダーを加
えて混ぜ、かぼちゃにスパイスをま
ぶす。

❻ ⑤にココナッツミルク、水1/2カッ
プ、塩を加える。ときどき混ぜなが
ら、かぼちゃがやわらかくなるまで
6〜8分煮る。

❼ ココナッツクリームとマスタードを
混ぜて⑥に加え、静かに混ぜる。

盛りつけ
器に盛ってココナッツシュレッドを
のせる。ご飯と一緒に食べる。

たっぷりの
野菜も一緒に
煮込みます

Hema's Home Cooking
ヘーマの家庭料理②

Sai Bhaji / Spinach and Yellow Lentil Curry

ほうれん草と黄レンズ豆のカレー（西インド・ムンバイ）

とろけるようなやさしい口当たり。
ガーリックオイルでパンチをきかせて。

材料（2人分）

黄レンズ豆 …… 1/2カップ
ほうれん草 …… 200g（刻む）
サラダ油 …… 大さじ1と1/2
玉ねぎ …… 1個（みじん切り）
にんにく …… 3〜4片（みじん切り）
しょうがペースト …… 小さじ1
トマト …… 2個（角切り）
じゃがいも …… 小1個（皮をむいて角切り）
なす …… 小1本（小さめの角切り）
かぼちゃ …… 5cm（小さめの角切り）
青唐辛子 …… 1本
フェヌグリークリーフ（乾燥） …… 大さじ1
ディル …… 小1枝（あれば）

A ┌ コリアンダーパウダー …… 小さじ1
　├ ターメリックパウダー …… 小さじ1/2
　└ チリパウダー …… 小さじ1/2

塩 …… 適量

テンパリング

┌ サラダ油 …… 大さじ1
├ にんにく …… 5片（薄切り）
└ チリパウダー …… 少々

黄レンズ豆

作り方

❶ 黄レンズ豆は水1カップに入れて30分浸し、水気をきる。

❷ 鍋にサラダ油を熱し、玉ねぎ、にんにく、しょうがペーストを加え、2〜3分炒める。

❸ ②に①、トマト、じゃがいも、なす、かぼちゃを加えて2〜3分炒める。フェヌグリークリーフ、青唐辛子、ほうれん草、好みでディルを加える。

❹ Aを加え、2〜3分炒める。水2と1/2カップと塩も加えて混ぜる。

❺ ④を圧力鍋に移し、具がやわらかくなるまで中火で8〜10分煮る（または普通の鍋で15〜20分）。

❻ ⑤を冷ましてからブレンダーに移し、食感が残る程度の粗いピューレ状にする。塩で味を調え、鍋で3〜4分煮る。

❼ テンパリングをする。小さめのフライパンにサラダ油を熱し、にんにくを加えて少し色づいたら、チリパウダーを加える。

盛りつけ

⑥を器に盛り、⑦をかける。

Curries of Thailand
タイのカレーレシピ

　何世紀にもわたる東洋と西洋の影響が融合した結果、独特の進化を遂げたタイ料理。その特徴はまず、ユニークな味と香りのブレンドです。辛味、酸味、甘み、塩気、苦みといった味覚を複雑に組み合わせ、さらにコリアンダーやレモングラスで香りを添えることで、他にはない絶妙なハーモニーが生まれました。

　地域色が強いのも特徴で、たとえば「グリーンカレー」や「トムヤムクン」は、バンコクを含む中部が発祥。タイ東北部は辛味と塩気が強めで、「ソムタム」（青パパイヤのサラダ）や「ラープ」が有名です。プーケットなどの島を含む南部は辛く濃い味つけで、魚介を多用。チェンマイを中心とした北部は辛味がマイルドで、平麺にカレーをかけた「カオソーイ」が名物料理です。

● Chiang Mai

Bangkok
●

Phuket

Hema
の
お気に入り

なすとたけのこ入りグリーンカレー

タイカレーの中でも一番ホットな辛さの
グリーンカレー。日本でもおなじみですが、
ペーストから手作りすると格別のおいしさです。

Kaeng Makhoe Gap Noumai /
Green Curry with Eggplant & Bamboo shoot

なすとたけのこ入りグリーンカレー

タイカレーの中でも一番ホットな辛さの
グリーンカレー。日本でもおなじみですが、
ペーストから手作りすると格別の美味しさです。

材料（2人分）

なす …… 3〜4本
たけのこ水煮 …… 100g
モロッコいんげん …… 4〜6本
にんじん …… 1/2本
ピーマン、パプリカ（赤・黄・緑）…… 1カップ
グリーンカレーペースト（市販品または下記参照）
　　…… 大さじ3

サラダ油 …… 大さじ1と1/2
ライムリーフ …… 2〜3枚
ココナッツミルク …… 2カップ
パームシュガー …… 小さじ1
塩 …… 適量
コリアンダーリーフ …… 各適量

ライムリーフを
入れると
上品な香り
がします

Curry Paste

Nam Prik Gaeng Khiao Wan / Green Curry Paste

グリーンカレーペースト

刺激的な辛さのもとは青唐辛子（プリッキーヌー）。

材料（1カップ分）

青唐辛子 …… 15〜20本
レモングラス …… 2本
ライムリーフ …… 3〜4枚
シャロット …… 6〜8個
にんにく …… 3片
ガランガルまたはしょうが …… 7.5cm
ライム果汁 …… 1個分
コリアンダーリーフ（根も）…… 30g
バジルの葉 …… 1カップ
粒こしょう …… 大さじ1
コリアンダーシード …… 大さじ1
クミンシード …… 小さじ1
塩 …… 小さじ1/2
サラダ油 …… 小さじ1

作り方

❶ サラダ油以外のすべての材料をブレンダーに入れ、水少々を加えてなめらかなペースト状にする。

❷ 取り出してサラダ油を加えて混ぜる。保存容器に入れ、冷蔵庫で10日間保存可能。

※さらに風味豊かにする場合は、粒こしょう、コリアンダーシード、クミンシードをフライパンに入れて弱火にかけ、香りが出るまでローストしてから使います。

作り方

野菜は最初にすべて切っておきます

グリーンカレーペーストを加えて2〜3分炒めます

全体にカレーペーストがからむまで炒めましょう

野菜がやわらかくなるまで、中火で8〜10分煮ます

最後にピーマンとパプリカを加えたら、弱火で1分

> Hema's メモ
> 日本ではカレーとして親しまれて
> いるグリーンカレーやレッドカレ
> ー。実はタイでは「ゲーン」とい
> うスープ料理の一種です。

❶ なすはくし形切り、たけのこは長めの棒状に切る。モロッコいんげんは2cm長さの斜め切り、にんじんは棒状に切る。ピーマン、パプリカは細切りにする。

❷ 鍋にサラダ油を入れて中火で熱し、グリーンカレーペーストを加え、香りが出るまで2〜3分炒める。

❸ ライムリーフ、なす、たけのこ、にんじん、いんげんを加え、全体にカレーペーストがからむまで炒める。

❹ ココナッツミルク、パームシュガー、塩を加えて混ぜ、味を調える。ふたをして、野菜がやわらかくなるまで中火で8〜10分煮る。味をみて薄ければ、追加でカレーペースト少々を加える。

❺ ピーマン、パプリカを加えて混ぜ、火を弱めて1分煮る。

盛りつけ
器に盛ってコリアンダーリーフを飾り、ジャスミンライスと一緒に食べる。

Kaeng Phet Pak / Red Curry with Vegetables and Tofu

野菜と厚揚げのレッドカレー

ライムリーフやレモングラスなど、
タイの代表的なハーブと赤唐辛子の
奥深い辛味が見事に融合。

材料（2人分）

- ブロッコリー …… 1カップ（小房に分ける）
- ズッキーニ …… 1/2本（半月切り）
- にんじん …… 1/2本（輪切り）
- 厚揚げ …… 150g（角切り）
- パプリカ（赤・黄）…… 少々（一口大）
- レッドカレーペースト（市販品または下記参照）
  …… 大さじ3
- サラダ油 …… 大さじ1と1/2
- ライムリーフ …… 2〜3枚
- ココナッツミルク …… 2カップ
- パームシュガー …… 小さじ1
- 塩 …… 適量

ブロッコリーは
カリフラワーに
変えても◎

作り方

❶ 野菜と厚揚げはそれぞれ切っておく。

❷ 鍋にサラダ油を入れて中火で熱し、レッドカレーペーストを加え、香りが出るまで2〜3分炒める。

❸ ①のブロッコリー、ズッキーニ、にんじん、厚揚げ、ライムリーフを加え、全体にカレーペーストがからむまで混ぜる。

❹ ココナッツミルク、パームシュガー、塩を加えて混ぜ、味を調える。ふたをして、野菜がやわらかくなるまで中火で8〜10分煮る。味をみて薄ければ、追加でカレーペースト少々を加える。

❺ パプリカを加えて混ぜ、火を弱めて1分煮る。

Curry Paste

Nam Prik Gaeng Daeng / Red Curry Paste

レッドカレーペースト

ペーストにすることでより香りが際立ちます。

材料（1カップ分）

- 赤唐辛子（生）…… 15〜20本
- シャロット …… 6個（または赤玉ねぎ1個）
- にんにく …… 4片
- ガランガルまたはしょうが …… 3cm
- 赤唐辛子 …… 1本（半分に切り、種を除く）
- レモングラス …… 3本
- コリアンダーリーフ …… 30g
- ライムリーフ …… 4〜5枚（葉脈を除く）
- レモンの皮 …… 小さじ1（すりおろし）
- 粒こしょう …… 大さじ1
- コリアンダーシード …… 大さじ1
- クミンシード …… 小さじ2
- サラダ油 …… 小さじ1

作り方

❶ サラダ油以外のすべての材料をブレンダーに入れ、水少々を加えてなめらかなペースト状にする。

❷ 取り出してサラダ油を加えて混ぜる。保存容器に入れ、冷蔵庫で10日間保存可能。

※さらに風味豊かにする場合は、粒こしょう、コリアンダーシード、クミンシードをフライパンに入れて弱火にかけ、香りが出るまでローストしてから使います。

かぼちゃとにんじんのイエローカレー

3種類のタイカレーのうち、最もまろやかで辛味もマイルド。
野菜の素朴な甘さもプラスされます。

かぼちゃを
じゃがいもに
変更しても
美味しい

材料（2人分）

かぼちゃ …… 100g（皮をむいて一口大）

にんじん …… 1/2本（薄切り）

ベビーコーン …… 3〜4本（長さを半分に切る）

セロリ …… 1/2本（斜め薄切り）

ズッキーニ …… 1/2本（半月切り）

サラダ油 …… 大さじ1と1/2

ライムリーフ …… 2枚

赤唐辛子 …… 2本

ピーナッツ …… 大さじ1（粉状に砕く）

イエローカレーペースト（市販品または下記参照）
　　 …… 大さじ3

ココナッツミルク …… 2カップ

パームシュガー …… 小さじ1

塩 …… 適量

作り方

❶ 野菜はそれぞれ切っておく。

❷ 鍋にサラダ油を入れて中火で熱し、ライムリーフ、赤唐辛子、ピーナッツ、イエローカレーペーストを加え、香りが出るまで2〜3分炒める。

❸ ①の野菜を加え、全体にカレーペーストがからむまで炒める。

❹ ココナッツミルク、パームシュガー、塩を加えて混ぜ、味を調える。ふたをして、野菜がやわらかくなるまで中火で8〜10分煮る。味をみて薄ければ、追加でカレーペースト少々を加える。

Curry Paste

Nam Phrik Keang kari / Yellow Curry Paste

イエローカレーペースト

ターメリックやクミンなどの
インド風スパイスもイン。

材料（1カップ分）

黄色またはオレンジ色の唐辛子（生）…… 10〜12本

赤唐辛子（生）…… 3本

シャロット …… 4個（または赤玉ねぎ1個）

レモングラス …… 1本

にんにく（芯を除く）…… 3片

ガランガルまたはしょうが …… 2㎝

ライムリーフ …… 2枚

ターメリックパウダー …… 小さじ1/2

粒こしょう …… 12〜15粒

コリアンダーシード …… 大さじ1

クミンシード …… 小さじ1/2

サラダ油 …… 小さじ1

作り方

❶ サラダ油以外のすべての材料をブレンダーに入れ、水少々を加えてなめらかなペースト状にする。

❷ 取り出してサラダ油を加えて混ぜる。保存容器に入れ、冷蔵庫で10日間保存可。

※さらに風味豊かにする場合は、粒こしょう、コリアンダーシード、クミンシードをフライパンに入れて弱火にかけ、香りが出るまでローストしてから使います。

ホクホク
食感が
くせになる

Hema's Home Cooking
ヘーマの家庭料理③

Kadala Gasi / Spicy Brown Chick Peas Curry
茶ひよこ豆のスパイシーカレー（カダラ ガシ）

ひよこ豆とココナッツの組み合わせが
南インドらしい、ケララ州のカレー。

茶ひよこ豆

材料（2人分）

茶ひよこ豆（ブラウンチャナ） …… 100g
塩 …… 小さじ1/4

マサラ
- 玉ねぎ …… 1個（みじん切り）
- にんにく …… 3片
- しょうが …… 2cm（薄切り）
- ウラド豆 …… 小さじ1
- **A** コリアンダーシード …… 小さじ1
- クミンシード …… 小さじ1
- 赤唐辛子 …… 2本
- ココナッツパウダー …… 大さじ2
- トマト …… 1個（角切り）
- ターメリックパウダー …… 小さじ1/2

テンパリング
- ココナッツオイル …… 大さじ1と1/2
- マスタードシード …… 小さじ1
- ベイリーフ …… 1枚
- 赤唐辛子 …… 2本

塩 …… 適量
しょうが、コリアンダーリーフ …… 各少々

作り方

❶ 茶ひよこ豆は水4カップに入れて6〜8時間浸す。水気をきって圧力鍋に入れ、水3カップと塩を加えてやわらかくなるまで12〜15分ゆでる（普通の鍋なら30〜40分）。

❷ マサラを作る。鍋に玉ねぎ、にんにく、しょうが、ウラド豆を入れ、中火で2〜3分から煎りする。豆の色が変わったら**A**を加え、香りが出るまで2〜3分炒める。ココナッツパウダーも加え、薄く色づくまで混ぜながら30秒炒める。

❸ ②をブレンダーに入れ、水大さじ2〜3を加えてなめらかなペースト状にする。トマト、ターメリックパウダーを加え、再度なめらかになる

まで混ぜる。

❹ テンパリングをする。別の鍋にココナッツオイルを入れて熱し、マスタードシード、ベイリーフ、赤唐辛子を加えて数秒軽く混ぜる。③のマサラを加え、2〜3分炒めて香りを出す。

❺ ④に①のひよこ豆を加え、豆のゆで汁を適量加えて好みのやわらかさにする。塩で味を調え、沸騰させてから5〜6分煮る。塩で味を調える。

盛りつけ

器に盛り、しょうがのせん切りとコリアンダーリーフをのせる。

Curries of Myanmar
ミャンマーのカレーレシピ

日本では長くビルマという国名で知られ、近年では急速に民主化の道を歩んでいるミャンマー。その食文化は隣接するインド、中国、タイの影響を色濃く受けています。豊かさの象徴として油を多く使うのが特徴で、たとえば「ヒン」と呼ばれる代表的な煮込み料理は、大量のピーナッツオイルで具を煮込む油戻しという調理法で作られます。カレーやサモサ、ビリヤニなどのインド料理も広く普及していますが、スパイス使いは控えめで、辛さはマイルド。また、ココナッツ味のスープをかけた麺料理「オンノ・カウスェー」は、タイの麺料理「カオソーイ」と似ています。

Yangon

〈食文化〉
ミャンマーの主食は米。メインはインディカ米ですが、シャン米やもち米も食べられています。
米には、ヒン（ミャンマー風煮込み）をおかずとして合わせるのが一般的。
都市部では朝食を外食する人が多く、屋台でモヒンガー（ライスヌードル）を食べる人が目立ちます。

Hema
の
お気に入り

Ban Gobi Ohnoh Khaukswe /
Cauliflower Coconut Curry

カリフラワーココナッツカレー

色とりどりの野菜が入ったココナッツベースの
カレー。麺にかけるのがミャンマー風です。
さまざまなトッピングで食感に変化をつけて。

Ban Gobi Ohnoh Khaukswe /
Cauliflower Coconut Curry

カリフラワー
ココナッツカレー

トッピングは
お好みで。
なくても味は
保証します

色とりどりの野菜が入ったココナッツベースの
カレー。麺にかけるのがミャンマー風です。
さまざまなトッピングで食感に変化をつけて。

材料（2人分）

カリフラワー …… 2カップ（小房に分ける）

にんじん …… 1本（5㎝長さの細切り）

さやいんげん …… 10〜12本（5㎝長さ）

グリーンピース …… 1/4カップ

カウスェーマサラペースト

コリアンダーシード …… 大さじ1

クミンシード …… 小さじ1

玉ねぎ …… 1個（適当な大きさに切る）

赤唐辛子 …… 3本

にんにく …… 4片（スライス）

しょうが …… 1片（スライス）

ココナッツオイル …… 大さじ1と1/2

シャロット …… 8〜10個
　または赤玉ねぎ1個（みじん切り）

ライムリーフ …… 2〜3枚

ココナッツミルク …… 2と1/2カップ

塩 …… 適量

好みでベサン粉（またはローストしたひよこ
　豆の粉） …… 大さじ1

トマト …… 1個（8等分のくし形切り）

パスタなど好みのゆでた麺 …… 100g

トッピング

小ねぎ、チリフレーク、フライドオニオン、コ
リアンダーの葉、ガーリックチップ、レモン、
フライドヌードル …… 各適量

作り方

❶ カリフラワー、にんじん、さやいんげん、グ
リーンピースはそれぞれ下ゆでしておく。
好みの麺もゆでておく。

❷ カウスェーマサラペーストを作る。コリア
ンダーシードとクミンシードをフライパン
に入れ、中火で軽く色づくまで1〜2分か
ら煎りする。取り出してすり鉢かブレンダ
ーで粗い粉末になるまで砕く。

❸ ②のフライパンに玉ねぎ、赤唐辛子、にん
にく、しょうがを入れ、軽く色づくまで3
〜4分から煎りする。

❹ ③と水少々をブレンダーに入れ、なめらか
なペースト状になるまで混ぜる。②を加え
てさらにブレンダーで混ぜる。

❺ 鍋にココナッツオイルを入れて中火で熱し、
赤玉ねぎとライムリーフを加え、玉ねぎが
半透明になるまで3〜4分炒める。

❻ ④のカウスェーマサラペーストを加え、中
火で2〜3分、香りが出るまで炒める。

❼ ①の野菜を加え、マサラペーストをからめ
るように混ぜる。ココナッツミルクを注ぎ、
塩で味を調える。水少々で溶いたベサン粉
を加え、とろみをつけてもよい。

❽ トマトを加え、ふたをして中火で5〜6分
煮る。

盛りつけ
ゆでた麺にカレーをかけ、トッピングを添
える。

① 具の野菜類は下ゆでしておきましょう

② すり鉢かブレンダーで煎ったスパイスを砕きます

③ 玉ねぎに軽く色がつくまで3〜4分から煎りします

④ ③に水を足してブレンダーに入れ、ペースト状にします

⑤ 玉ねぎが半透明になるまで3〜4分炒めます

⑥ ⑤に④を加えて、香りが出るまで中火で2〜3分炒めます

⑤ ココナッツミルクを入れたあと、塩で味を調えます

⑥ トマトを加えてふたをし、中火で5〜6分煮ます

ミャンマー風なすカレー

香ばしく素揚げしたなすに、
トマトココナッツソースがよく合います。
タマリンドで少し酸味をきかせて。

> 仕上げに
> ピーナッツの
> 粗挽きを
> 散らしても

材料（2人分）

なす …… 6本（4cm長さの棒状に切る）
揚げ油 …… 適量

テンパリング
- サラダ油 …… 大さじ1
- ベイリーフ …… 2枚
- 八角 …… 2個

にんにく …… 3片（みじん切り）
しょうが …… 小さじ1（みじん切り）
玉ねぎ …… 1個（みじん切り）
トマト …… 2個（角切り）
　またはトマト水煮（カットタイプ）1カップ
しいたけ …… 6〜8個（薄切り）
青唐辛子 …… 2本（みじん切り）
ピーナッツ …… 大さじ2（粗みじん切り）

A
- ターメリックパウダー …… 小さじ1/2
- チリパウダー …… 小さじ1/2
- タマリンドペースト …… 小さじ1
- パームシュガー …… 大さじ1

塩 …… 適量
ココナッツミルク …… 1カップ
長ねぎ …… 少々

作り方

❶ 揚げ油を180℃に熱し、なすをこんがりと揚げて油をきる。

❷ テンパリングをする。鍋にサラダ油を入れて中火で熱し、ベイリーフ、八角を入れて混ぜる。

❸ 香りが出たら、にんにく、しょうが、玉ねぎを加え、玉ねぎがやわらかく半透明になるまで3〜4分炒める。

❹ ❸にトマトとしいたけを加えて混ぜる。青唐辛子、ピーナッツ、Aを加える。水50mlと塩を加え、パームシュガーが溶けるまでよく混ぜ、ふたをして3〜4分煮る。

❺ ココナッツミルクを加えて混ぜ、❶の揚げなすを静かに加えてからめ、2〜3分煮る。

盛りつけ
器に盛って長ねぎの小口切りをふる。

Hema's メモ
なすを揚げるのではなく炒めたい場合：作り方❶で鍋にサラダ油大さじ2を熱してなすを入れ、油をなじませます。水50mlを加えてふたをし、8〜10分炒め蒸しにしてください。

Chathin Kyathi Nhut / Braised Bitter Gourd

ゴーヤの煮込みカレー

ミャンマーでもよく食べられているゴーヤ。
汁気少なめに煮て、ピーナッツをトッピング。
ほどよい苦みでリフレッシュできます。

材料（2人分）

ゴーヤ …… 2本（200g）
塩 …… 小さじ1
揚げ油 …… 適量
サラダ油 …… 大さじ1
玉ねぎ …… 1個（みじん切り）
ライムリーフ …… 2〜3枚
カレーリーフ …… 4〜5枚
にんにく …… 3片（みじん切り）
しょうが …… 小さじ1（すりおろし）
青唐辛子 …… 2本（みじん切り）
トマト …… 1個（角切り）
A
　ピーナッツ …… 1/2カップ（粗く砕く）
　黒砂糖 …… 小さじ1
　ターメリックパウダー …… 小さじ1/2
　パプリカパウダー …… 小さじ1/2
　塩 …… 少々
　粗びきこしょう …… 少々
長ねぎ …… 1本（小口切り）
塩 …… 適量
ピーナッツ、カレーリーフ、ご飯
　　…… 各適量

> ゴーヤに
> 塩をふると、
> 苦味を減らせます

作り方

❶ ゴーヤは縦半分に切ってワタと種を取り、3mm厚さに切る。ボウルに入れて塩をふり、混ぜて5〜10分おく。流水で洗い流し、水気をふく。

❷ 揚げ油を180℃に熱し、ゴーヤをこんがりと揚げて油をきる。

❸ 鍋にサラダ油を入れて中火で熱し、玉ねぎ、ライムリーフ、カレーリーフを入れる。玉ねぎが薄い茶色になるまで3〜4分炒める。

❹ ③ににんにく、しょうが、青唐辛子を加え、香りが出るまで少し混ぜる。トマトとAを加え、トマトがやわらかくなるまで混ぜ、ふたをして中火で3〜4分煮る。

❺ 長ねぎ、②の揚げゴーヤを加えて混ぜ、塩で味を調える。1分ほど煮る。

盛りつけ
器に盛って砕いたピーナッツをふり、カレーリーフを飾る。ご飯を添える。

Side Dish

Kaler Peya Kyaw / Split Pea Fritters

レンズ豆のフリッター

ヘルシーな豆のスナック。
サクッと香ばしく、おつまみにも。

材料（作りやすい分量）

黄レンズ豆（スプリットタイプ） …… 2カップ
赤唐辛子（乾燥） …… 2本
玉ねぎ …… 1個（みじん切り）
赤唐辛子（生） …… 2本（みじん切り）
しょうが …… 小さじ1（みじん切り）
コリアンダーリーフ …… 1/2カップ（刻む）
塩 …… 小さじ1/4
揚げ油、ライム、青唐辛子 …… 各適量

作り方

❶ 黄レンズ豆は水に浸して3〜4時間おく。水気をきってブレンダーに入れ、赤唐辛子（乾燥）、水少々を加えて粗めのピューレ状にする。

❷ ①をボウルに移し、玉ねぎ、赤唐辛子（生）、しょうが、コリアンダーリーフ、塩を加えて混ぜる。直径3cmのやや平たい円形にする。

❸ 揚げ油を180℃に熱し、②を入れて2〜3分揚げる。こんがり色づき、縁がカリッとしたら取り出して油をきる。

❹ 器に盛り、ライムと青唐辛子を飾る。食べるときにライムをしぼる。

お好みで
青唐辛子を
加えても

Hema's Home Cooking
ヘーマの家庭料理④

Panchkuti Dal / Mixed Lentil Curry
5種類のミックス豆カレー (パンチクティ ダル)

ムング豆 (緑)

トゥール豆
(黄レンズ豆)

ウラド豆

赤レンズ豆

カラチャナ
(ベンガルグラム)

さまざまな豆を組み合わせることで、より味わい深く。

材料 (2人分)

ムング豆 (緑) …… 1/4カップ
トゥール豆 (黄レンズ豆) …… 1/4カップ
赤レンズ豆 …… 1/4カップ
ウラド豆 …… 1/4カップ
カラチャナ (ベンガルグラム) …… 大さじ1

テンパリング

ギーまたはサラダ油 …… 大さじ1と1/2
マスタードシード …… 小さじ1
クミンシード …… 小さじ1
赤唐辛子 …… 2本
クローブ …… 4〜5粒
シナモンスティック …… 小1本
ベイリーフ …… 1枚
カレーリーフ …… 4〜6枚

アサファティーダパウダー …… 少々
玉ねぎ …… 1個 (みじん切り)
にんにく …… 3〜4片 (みじん切り)
しょうが …… 2cm (みじん切り)
トマト …… 2個 (角切り)

ガラムマサラ …… 小さじ1
A ターメリック …… 小さじ1/2
チリパウダー …… 小さじ1/2
塩 …… 適量

作り方

❶ すべての豆は水に30分浸し、水気をきる。圧力鍋に入れて水3カップを加え、やわらかくなるまで中火で6〜8分ゆでる。

❷ テンパリングをする。鍋でギーを熱し、その他の材料をすべて加えて軽く混ぜる。マスターシードがパチパチしたら、アサファティーダパウダーを加える。

❸ 香りが出たら、玉ねぎ、にんにく、しょうがを加え、玉ねぎがやわらかくなるまで2〜3分炒める。

❹ トマトとAを加えて2〜3分煮て、塩で味を調える。

❺ ④に①の豆類を加えて、豆のゆで汁を適量加えて好みのやわらかさにする。沸騰したら中火で4〜5分煮る。

Curries of Indonesia

インドネシアのカレーレシピ

古くから香辛料の産地として名高いインドネシア。東西5,000kmにわたって長く延び、13,000以上もの島で構成される多民族国家であるため、その料理も地域によって大きく異なります。スマトラ島のパダン料理はインドとイスラム文化の影響を受け、ジャワ料理はヒンドゥー教や仏教、中国の影響を色濃く残しています。

辛味調味料のサンバルソース、甘みのあるケチャップマニス、ココナッツミルク、「サテ」（焼き鳥）や「ガドガド」にかける甘辛いピーナッツソースは、インドネシアにおける基本調味料。また、大豆の発酵食品・テンペはジャワ発祥です。

〈食文化〉
インドネシアでは右手でスプーン、左手でフォークを持って食べるのが基本。大皿に盛りつけたおかずを、自分の小皿に取って食べるのが主流です。

Palau Smatera

Jakarta

Palau Komodo

Bali

Palau Timor

Sayur Terong / Eggplant &Green pepper Curry

なすとピーマンのカレー

Hema
の
お気に入り

刺激的な辛さと甘さが同居する
インドネシアの万能調味料・トマトサンバルを
揚げ野菜にたっぷりからめて。

89

なすとピーマンのカレー

刺激的な辛さと甘さが同居する
インドネシアの万能調味料・トマトサンバルを
揚げ野菜にたっぷりからめて。

材料 （2人分）

なす …… 6本(10cm長さの棒状に切る)

ピーマン …… 4個(縦3〜4等分に切る)

揚げ油 …… 適量

サラダ油 …… 大さじ1

にんにく …… 3片(つぶす)

ライムリーフ …… 2〜3枚

トマトサンバル(下記参照) …… 1カップ

塩 …… 適量

ライム、ライムリーフ …… 各適量

> トマトサンバルは
> 市販品を
> 使ってもOK

Basic Sauce

Sambal Tomat / Tomato Chili Sauce

トマトサンバル（トマトのチリソース）

一度にまとめて作っておけば、何かと重宝。

材料 （作りやすい分量）

トマト …… 2個(くし形切り)

サラダ油 …… 大さじ1と1/2

| 赤唐辛子(乾燥) …… 4本

| 赤唐辛子(生) …… 4〜6本

A | シャロット …… 4個(または赤玉ねぎ1個)

| にんにく …… 4片

| しょうが …… 2cm

タマリンド果汁 …… 小さじ1

パームシュガー …… 小さじ1と1/2

塩、砂糖 …… 各適量

作り方

❶ 鍋にサラダ油を入れて中火で熱し、**A**を入れて香りが出るまで2〜3分炒める。

❷ トマト、タマリンド果汁、パームシュガー、塩小さじ1/2を加え、トマトがやわらかくなるまで3〜4分炒める。

❸ ②をブレンダーに移し、なめらかなペースト状にする。塩と砂糖で調味する。保存容器に入れ、冷蔵庫で1週間保存可能。

作り方

なすを揚げるときは、180℃で3〜4分

ピーマンを揚げるのは1分で充分。油をきっておきます

にんにくとライムリーフを炒めるのは1分程度

③に、揚げたなすとピーマンを加えて混ぜます

トマトサンバルを加えてやさしく混ぜます

❶ 揚げ油を180℃に熱し、なすを入れて3〜4分こんがりと揚げ、油をきる。

❷ 続いてピーマンを入れて1分ほど揚げ、油をきる。

❸ 鍋にサラダ油を入れて中火で熱し、にんにくとライムリーフを1分炒める。

❹ ③に揚げたなすとピーマンを加えて混ぜる。

❺ トマトサンバルを加えてやさしく混ぜ合わせる。塩で味を調え、3〜4分煮る。

盛りつけ
　器に盛り、ライムリーフを添える。ご飯と一緒に食べる。

Hema's メモ
●さらにマイルドに仕上げたいときは、トマトサンバルにココナッツミル1/2カップを加えてください。
●作り方❹で角切りにしたテンペ100ｇを加えると、より食べごたえのあるカレーになります。

ミックスベジタブルココナッツカレー

日常的な家庭料理として知られる
野菜のココナッツ煮込み。
お好みでライムをしぼってどうぞ。

ロデペーストは
前日に作り置き
できます

材料（2人分）

なす …… 1本（1cm厚さの輪切り）
大根 …… 50g（角切り）
にんじん …… 1本（角切り）
さやいんげん …… 6〜8本（5cm長さ）
厚揚げまたはテンペ …… 100g（一口大の角切り）
キャベツ …… 1カップ（一口大）
パプリカ（赤）…… 1/2個（細切り）
長ねぎ …… 1本（小口切り）

ロデペースト

赤唐辛子（生）…… 4本
にんにく …… 3片
ガランガルまたはしょうが …… 2cm
レモングラス …… 1本（5cm長さ）
シャロット …… 4個
カシューナッツまたはカンダルナッツ
　　…… 4〜6個
コリアンダーシード …… 小さじ1
ターメリックパウダー …… 小さじ1/2

サラダ油 …… 大さじ1と1/2
ココナッツミルク …… 2カップ
ライムリーフ …… 2枚
パームシュガー …… 大さじ1
塩 …… 小さじ1/2
カレー粉 …… 少々

コリアンダーリーフ、赤唐辛子（生）、長ねぎ、
　ライム、ライムリーフ …… 各適量

作り方

❶ 野菜と厚揚げまたはテンペはそれぞれ切っておく。

❷ ロデペーストを作る。すべての材料をブレンダーに入れ、水大さじ2〜3を加えてなめらかなペースト状にする。

❸ 鍋にサラダ油を入れて中火で熱し、②のロデペーストを加え、香りが出るまで2〜3分炒める。

❹ なす、大根、にんじん、さやいんげん、厚揚げを加えてさっと混ぜる。

❺ ココナッツミルク、ライムリーフ、パームシュガー、塩を加えて味を調える。ふたをして、野菜がやわらかくなるまで中火で8〜10分煮る。

❻ キャベツ、パプリカ、長ねぎを入れて炒め、さらに1〜2分煮る。火を止めてカレー粉を加える。

盛りつけ

器に盛り、コリアンダーリーフ、赤唐辛子（生）の斜め切り、長ねぎの小口切りをのせ、ご飯と一緒に食べる。

Balinese Tempeh & Potato Curry

バリ風テンペとポテトのカレー

食べごたえのあるテンペとじゃがいもを
カシューナッツ入りの濃厚なペーストと
合わせた、大満足のレシピ。

材料（2人分）

じゃがいも（ゆでたもの）
　　…… 3個（一口大の棒状）
テンペ …… 100g（一口大）
ココナッツオイル …… 大さじ3

カレーペースト

にんにく …… 3片
シャロット …… 3個
赤唐辛子（生）…… 3本
しょうが …… 2㎝
カシューナッツ …… 3個
コリアンダーシード …… 大さじ1
ターメリックパウダー …… 小さじ1/2
白こしょう …… 小さじ1/2

ライムリーフ …… 2～3枚
ココナッツミルク …… 2カップ
塩 …… 適量
ご飯、ライム、コリアンダーリーフ、青唐辛子
　　…… 各適量

> じゃがいもは
> かぼちゃに
> 変えても
> 美味しい

作り方

❶ 鍋にココナッツオイル大さじ1と1/2を入れて中火で熱し、じゃがいもとテンペを4～5分炒め、取り出しておく。

❷ カレーペーストを作る。すべての材料をブレンダーに入れ、水少々を加えてなめらかなペースト状にする。

❸ ①の鍋にココナッツオイル大さじ1と1/2を入れて中火で熱し、②のカレーペースト、ライムリーフを加え、香りが出るまで2～3分炒める。

❹ ③に①を加え、軽く混ぜる。ココナッツミルク、塩を加えて味を調え、沸騰させてとろみが出るまで4～5分煮る。

盛りつけ

器に盛り、ご飯、ライム、コリアンダーリーフ、青唐辛子を添える。

Side Dish

Sambal Goreng Tempeh / Spicy Fried Tempeh and Peanuts

スパイシー揚げテンペ&ピーナッツ

スパイシーで濃厚な
コクのある
テンペのスナック。

材料（2人分）

テンペ …… 200g（薄切り）
ピーナッツ …… 1カップ
揚げ油 …… 適量
サラダ油 …… 大さじ1
シャロット …… 3～4個（薄切り）
にんにく …… 3片（薄切り）
ライムリーフ …… 2枚

ガランガルまたはしょうがの薄切り
　　…… 2枚
青唐辛子 …… 2本（薄切り）
トマト …… 1個（薄切り）
A
　ケチャップマニス …… 大さじ2
　パームシュガー …… 大さじ1
　タマリンド果汁 …… 大さじ1
　塩 …… 小さじ1/2
赤唐辛子（生）…… 少々

作り方

❶ 揚げ油を180℃に熱し、テンペとピーナッツをそれぞれ黄金色になるまで揚げる。取り出して油をきる。

❷ フライパンにサラダ油を入れて中火で熱し、シャロット、にんにく、ライムリーフ、ガランガルを加えて香りが出るまで炒める。

❸ ②に青唐辛子、トマト、Aを加え、水50㎖を加えて煮る。

❹ ③に①を加えて静かに混ぜ、テンペに味を含ませるように中火で2～3分加熱する。

❺ 器に盛り、薄切りにした赤唐辛子をのせる。

北インドの
ヘルシーな
豆カレー

Hema's Home Cooking
ヘーマの家庭料理⑤

Rajma
キドニービーンズのカレー(ラジュマ)

食べごたえのあるキドニービーンズを、
相性のよいトマトベースで。

レッドキドニービーンズ　　**カラチャナ**
　　　　　　　　　　　　　　（ベンガルグラム）

材料 (2人分)

レッドキドニービーンズ …… 1カップ
カラチャナ(ベンガルグラム) …… 大さじ1
サラダ油 …… 大さじ1
クミンシード …… 小さじ1
玉ねぎ …… 1個(みじん切り)
しょうがペースト …… 小さじ1
にんにくペースト …… 小さじ1
トマト …… 2〜3個(ピューレ状にする)
| チリパウダー …… 小さじ1/2
| クミンパウダー …… 小さじ1/2
A ターメリックパウダー …… 小さじ1/2
| 砂糖 …… 小さじ1/2
| ガラムマサラ …… 小さじ1/2
塩 …… 適量
フェヌグリークリーフ …… 小さじ1
コリアンダーリーフ …… 少々

作り方

❶ レッドキドニービーンズとカラチャナは水
3カップに入れて8〜10時間浸し、水気を
きる。圧力鍋に入れて水3カップと塩小さ
じ1/4を加え、やわらかくなるまで15〜20
分ゆでる。

❷ 別の鍋にサラダ油を入れて熱し、クミンシ
ードと玉ねぎを入れて4〜5分炒める。

❸ 玉ねぎが色づいてきたら、しょうがペース
ト、にんにくペーストを加えて8〜10秒炒
める。トマトと**A**を加えて2〜3分煮る。

❹ ③に①の豆類を加え、豆のゆで汁を適量加
えて好みのやわらかさにする。塩で味を調
え、中火で4〜5分煮る。フェヌグリーク
リーフを粉末にして加え、混ぜる。

盛りつけ

器に盛り、コリアンダーリーフをのせる。
パラータかご飯と一緒に食べる。

Curries of Malaysia

マレーシアのカレーレシピ

　東南アジアの中心に位置し、マレー半島とボルネオ島の一部で構成されているマレーシア。マレー系、中国系、インド系の民族が暮らす多民族国家であるため、多彩な食文化がみられます。

　代表的な料理としてはスープ麺の「ラクサ」があり、地方ごとに味の異なるレシピが数多く存在します。熱帯気候ゆえ食欲を刺激する辛いものが多く、インド系民族がもたらしたカレー味の料理も大変好まれています。また、野菜をココナッツミルクで煮込んだ「サユール・ロデ」や「ナシゴレン」（焼きめし）、「ミーゴレン」（焼きそば）といった、インドネシアと共通する料理が多いのも特徴です。

〈食文化〉
国民の60％はイスラム教徒なので、ハラールでない食材を食べず、お酒も飲みません。主食は米（タイ米）ですが、高級なバスマティ（インディカ米）を食べることも。麺料理も一般的で、小麦粉で作られるミー(小麦粉で作った麺)や、麺を揚げたイーミン、米で作るミーフン(ビーフン)などがよく食べられています。

Langkawi

Palau Pinang

Kuala Lumpur

Plau Tioman

Kalimantan

Sayur Lemak / Vegetables in Coconut Milk
ココナッツミルク野菜カレー

唐辛子やレモングラス、ナッツ、ターメリックなどを
ブレンドしたレマックペーストが味の決め手。
たっぷりの野菜もペロリと食べられます。

Hema
の
お気に入り

ココナッツミルク野菜カレー

唐辛子やレモングラス、ナッツ、ターメリックなどを
ブレンドしたレマックペーストが味の決め手。
たっぷりの野菜もペロリと食べられます。

材料（2人分）

なす …… 1本（1cm厚さの半月切り）
にんじん …… 1/2本（拍子木切り）
かぶ …… 1個（拍子木切り）
さやいんげん …… 8〜10本（3cm長さに切る）
キャベツ …… 1カップ（一口大に切る）
厚揚げ …… 1/2枚（小さめの角切り）
油揚げ …… 1/2枚（小さめの角切り）

レマックペースト
赤唐辛子（生）…… 4本
赤唐辛子（乾燥）…… 3本
にんにく …… 3片
ガランガルまたはしょうが …… 2cm
レモングラス …… 1本
（外皮をむき、5cm長さに切る）
シャロット …… 4〜5個
カシューナッツまたはキャンドルナッツ
…… 4〜6個
コリアンダーシード …… 小さじ1
ターメリックパウダー …… 小さじ1/2

サラダ油 …… 大さじ1と1/2
ライムリーフ …… 2枚
ココナッツミルク …… 2カップ
塩 …… 小さじ1/2

作り方

① レマックペーストの材料を用意する。

② ①をブレンダーに入れ、水少々を加えてなめらかなペースト状にする。

③ 鍋にサラダ油を入れて中火で熱し、②のレマックペーストを入れ、全体に広げる。

④ ライムリーフを加え、香りが出るまで2〜3分炒める。

⑤ なす、にんじん、かぶ、さやいんげんを加え、静かに混ぜる。厚揚げと油揚げ、キャベツを加え、ペーストにからめるように混ぜる。

⑥ ココナッツミルクを加えてふたをし、野菜がやわらかくなるまで6〜8分煮る。塩で味を調える。

盛りつけ
器に盛り、ライムリーフ（分量外）を飾る。ごはんと食べる。

ナッツを入れると食べごたえがさらにアップ

❶ レマックペーストを作るための材料を用意します

❷ ①の材料をブレンダーに入れ、水を加えてペースト状に

❸ サラダ油を入れた鍋に②のレマックペーストを入れます

❹ ライムリーフを入れて2〜3分炒めると香りが出ます

❺ なすやにんじんなどの材料を加え、ペーストとからめます

❻ ココナッツミルクを加えふたをし、6〜8分煮ます

Hema's メモ

ココナッツミルクは植物から作るミルクなので菜食主義の方のために作る料理でよく使われます。牛乳と比べて低カロリーで、コレステロールが含まれていないという健康的な側面もあります。乳アレルギーや大豆アレルギーを持つ人でも飲めるので、代替ミルクとしても使われます。

Laksa Lemak / Coconut and Noodle Curry Soup

ココナッツミルクと麺のカレースープ

マレーシアの名物料理・ラクサをカレーに。
クリーミーかつスパイシーな
ココナッツ風味のスープを麺にたっぷりかけて。

> レモングラスと
> ライムリーフは
> 生がおすすめ

材料（2人分）

マッシュルーム …… 3個（薄切り）

ブロッコリー …… 1/2カップ（小房に分ける）

にんじん …… 1/2本（輪切り）

ズッキーニ …… 1/2本（半月切り）

スナップえんどう …… 5〜6枚

コーン …… 4㎝（1㎝厚さに切り、下ゆで）

厚揚げ …… 100g（細切り）

トマト …… 1個（薄切り）

長ねぎ …… 1本（薄切り）

サラダ油 …… 大さじ1と1/2

レマックペースト（100〜101ページ参照）
　　…… 大さじ4

レモングラス …… 1本（すりつぶす）

ライムリーフ …… 2枚

ココナッツミルク …… 2カップ（400㎖）

ライム果汁 …… 小さじ1

砂糖 …… 小さじ1

塩 …… 小さじ1/2

平たいライスヌードル
　　またはスパゲッティ（ゆでたもの）…… 150g

コリアンダーリーフ …… 少々

作り方

❶ 野菜と厚揚げはそれぞれ切っておく。

❷ 鍋にサラダ油を入れて中火で熱し、
レマックペースト、レモングラス、
ライムリーフを加え、香りが出るま
で2〜3分炒める。

❸ ②にマッシュルーム、ブロッコリー、
にんじん、ズッキーニ、スナップえ
んどう、コーン、厚揚げを加えて混
ぜる。ココナッツミルクを加えてふ
たをし、野菜がやわらかくなるまで
中火で6〜8分煮る。

❹ ③にトマト、長ねぎを加えて混ぜ、
ライム果汁、砂糖、塩で味を調える。

盛りつけ

器にライスヌードルを盛り、④をか
ける。コリアンダーリーフをのせる。

Hema's メモ

カレーには汁気の多いものと少ないものがあ
りますが、「スープカレー」に分類されるのは、
南インド・スリランカ・インドネシア・タイ
などでよく食べられているカレーです。

材料（2人分）

ズッキーニ …… 1本（1cm厚さの半月切り）
厚揚げ …… 150g（一口大の角切り）

スパイスペースト

シャロット …… 5〜6個
　　または赤玉ねぎ1個（みじん切り）
赤唐辛子（生）…… 4本
にんにく …… 3片
しょうが …… 2cm

スパイス
ペーストは
作り置き
すると便利

サラダ油 …… 大さじ1と1/2
八角 …… 1個
ベイリーフ …… 2枚
赤唐辛子 …… 2本
ココナッツミルク …… 2カップ
パームシュガー …… 小さじ1
塩 …… 適量
カレー粉 …… 小さじ1
バジルの葉 …… 適量

作り方

❶ スパイスペーストを作る。材料と少量の水をすべてブレンダーに入れ、なめらかなペースト状にする。

❷ 鍋にサラダ油を入れて中火で熱し、八角、ベイリーフ、赤唐辛子、①のスパイスペーストを加える。香りが出るまで2〜3分炒める。

❸ ②にズッキーニ、厚揚げを加えてよく混ぜる。ココナッツミルク、パームシュガー、塩を加え、ふたをして中火で5〜7分煮る。

❹ ズッキーニがやわらかくなり、少し煮詰まったらカレー粉を加え、火を弱める。味をみて塩または砂糖（ともに分量外）で味を調える。

盛りつけ

器に盛り、バジルの葉を添える。ご飯と一緒に食べる。

Side Dish

Stir Fried Snap Peas & Baby Corn

スナップえんどうとベビーコーンの炒めもの

ごま油やしょうがを使い、
やや中華風の味つけに。

材料（2人分）

スナップえんどう …… 1パック
ベビーコーン（生）…… 1パック（縦半分に切る）
にんじん …… 1/2本（薄切り）
ごま油 …… 大さじ1と1/2
にんにく …… 2片（みじん切り）
ライムリーフ …… 2枚
しょうゆまたは塩 …… 小さじ1
白こしょう …… 少々
コーンスターチ …… 小さじ1
しょうが …… 大さじ1（せん切り）

作り方

❶ ベビーコーンとにんじんは2〜3分下ゆでし、水気をきる。

❷ フライパンにごま油を入れて中火で熱し、にんにく、ライムリーフを炒める。①、スナップえんどうを加えて混ぜ、しょうゆとこしょうで調味する。

❸ 水50mlで溶いたコーンスターチを加え、混ぜながら2〜3分炒めてとろみを出す。器に盛り、しょうがをのせる。

Tumis Tahu & Zucchini / Tofu & Zucchini in Spicy Coconut Milk

厚揚げとズッキーニのスパイシーココナッツカレー

さらっと仕上げたスープ多めのカレー。
八角を加えることで、ほのかに
中華風のフレーバーも楽しめます。

トマトの
酸味が
豆とマッチ

Hema's Home Cooking
ヘーマの家庭料理⑥

Masala Masoor

茶レンズ豆のカレー（マサラ マスール）

皮つきの豆ならではの歯ごたえが楽しめ、
栄養価も優れています。

茶レンズ豆（ホール）

材料（2人分）

茶レンズ豆（ホール）…… 1カップ

A
├ にんにく …… 2〜3片
├ しょうが …… 2.5cm
├ 赤唐辛子 …… 2本
└ コリアンダーシード …… 大さじ1

ギーまたはサラダ油 …… 大さじ1と1/2
クミンシード …… 小さじ1
玉ねぎ …… 1個（みじん切り）
トマト …… 2個（ピューレ状にする）
ターメリックパウダー …… 小さじ1/2
チリパウダー …… 小さじ1/2
塩 …… 適量
玉ねぎ、ししとう、しょうが …… 各少々

作り方

❶ 茶レンズ豆は水3カップに入れて4〜6時間
浸し、水気をきる。圧力鍋に入れて水3カッ
プを加え、やわらかくなるまで10〜15分（普
通の鍋なら30分）ゆでる。

❷ 別の鍋にAを入れて中火にかけ、にんにくが
軽く色づくまでから煎りする。ブレンダーに
移して水大さじ2〜3を加え、なめらかなペー
スト状にする。

❸ フライパンにギーを入れて熱し、クミンシー
ドと玉ねぎを加え、玉ねぎがやわらかくなる
まで3〜4分炒める。

❹ ②を加えて2〜3分炒め合わせ、トマト、ター
メリック、チリパウダーを加えて1分煮る。

❺ ④に①の茶レンズ豆と、豆のゆで汁を適量加
えて好みのやわらかさにする。塩で味を調え、
沸騰したら中火で3〜4分煮る。

盛りつけ

器に盛り、しょうがのせん切り、玉ねぎとし
しとうの薄切りをのせる。ご飯と一緒に食べ
る。

Side Menu Items

その他アジアのサイドメニュー

　それぞれの国のカレーに合わせたい主食やサラダのほか、おもてなしにも使えそうな一品料理、手軽に作れるスナックやパン、そして大人も子どもも大好きなスイーツまで。カレーと一緒に、よりいっそうその国の雰囲気が味わえるサイドメニューをご紹介します。

Nepal

India

Myanmar

Thailand

Sri Lanka

Malaysia

Indonesia

Gaajar No Halwa / Carrot Halwa

ガジャルハルワ

材料（4人分）

にんじん …… 3本（皮をむいてすりおろす）

ギーまたは無塩バター …… 大さじ3

牛乳 …… 3カップ

エバミルク …… 1カップ

砂糖 …… 1/4カップ

レーズン …… 大さじ1

カルダモンパウダー …… 小さじ1/4

アーモンド …… 4〜6個（スライス）

作り方

❶ フライパンにギーを入れて中火で熱し、にんじんを加えて3〜4分炒める。

❷ 牛乳とエバミルクを加え、ときどき混ぜながら20〜25分煮詰めて水分をとばす。

❸ 砂糖を加えて混ぜ溶かし、レーズンとカルダモンパウダーを加える。混ぜながら、水分がなくなるまで中火で煮る。

❹ 器に盛ってアーモンドをのせる。

にんじんをミルクで煮詰めた
やさしい味のスイーツ。

さわやかなヨーグルトのサラダ。
よく冷やしてどうぞ。

Kakdi Nu Raitu / Cucumber Raita

きゅうりのライタ

材料（2人分）

きゅうり …… 2本（すりおろす）

プレーンヨーグルト …… 2カップ（400g）

しょうが …… 小さじ1/2（すりおろす）

青唐辛子 …… 1本（みじん切り）

砂糖 …… 小さじ2

塩 …… 1つまみ

クミンシード …… 小さじ1/4（ローストして挽いたもの）

チリパウダー、ミントの葉 …… 各少々

作り方

❶ ボウルにきゅうりとヨーグルトを入れて混ぜ、しょうが、青唐辛子を加え、砂糖、塩で調味する。

❷ よく混ぜて器に盛る。クミンシードとチリパウダーをふり、ミントの葉を飾る。

Malabari Paratha / Layered Paratha

パラータ

材料（12〜14枚分）

全粒粉 …… 1と1/2カップ

中力粉 …… 1/2カップ

A｜サラダ油 …… 大さじ2
　｜塩 …… 小さじ1/2

打ち粉用小麦粉、
　　サラダ油またはギー …… 各適量

具だくさんのカレーと相性のよい、
平たい全粒粉パン。

作り方

❶ ボウルに全粒粉と中力粉を入れ、**A**を加える。指でこすり合わせるようにしてポロポロになるまで混ぜる。

❷ ①に水1/2カップを少しずつ加え、やわらかい生地にまとまるまでこねる。ぬれぶきんをかぶせて10分おく。

❸ 再びこねてから12〜14等分のボール状に分ける。軽く打ち粉をまぶし、麺棒で直径3〜4cmの円形にして、ハケで表面にサラダ油を小さじ1/2ずつ塗る。

❹ 再び打ち粉をまぶし、筒状になるように手で生地を丸め、両端を合わせて丸形になるように戻す。再び転がして直径10〜12cmの円形にする。これを繰り返してすべて成形する。

❺ フライパンを熱してサラダ油を引き、④の生地を1枚ずつ入れて少し色づくまで中火で2〜3分焼き、裏返して1分焼く。

❻ 表面にハケでサラダ油を塗り、へらで優しく押しながら焼く。裏返して両面をこんがりと焼き、火を止める。

❼ キッチンペーパーかアルミホイルで包み、保温する。

Red Cabbage and Mikan Salad Kobi nu Kachumber

赤キャベツとみかんのカチュンバル

フレッシュなキャベツと
柑橘類をスパイスでまとめて。

材料（2人分）

赤キャベツ（細切り）
　　…… 2カップ

みかん缶詰 …… 1カップ

好みで青唐辛子
　　…… 1本（みじん切り）

ピーナッツ …… 大さじ1（砕く）

塩 …… 小さじ1/4

サラダ油、マスタードシード
　　…… 各小さじ1

A｜ターメリック、チリパウダー
　｜　…… 各小さじ1/4
　｜アサファティーダパウダー
　｜　…… 少々
　｜カレーリーフ …… 2〜3枚

コリアンダーリーフ
　　…… 大さじ1

レモン果汁 …… 小さじ1

作り方

❶ ボウルに赤キャベツ、みかん、青唐辛子、ピーナッツ、塩を入れて混ぜる。

❷ 小さめの鍋にサラダ油を入れて中火で熱し、マスタードシードを加えてつぶす。火を弱め、**A**を加えて軽く混ぜる。

❸ ①に②をふりかけ、刻んだコリアンダーリーフとレモン果汁を加えて混ぜる。5〜7分おいて味をなじませ、器に盛る。

Green Papaya Salad - Som Tam Malago

ソムタム

材料（2人分）

青パパイヤ …… 150g
さやいんげん
　…… 5〜6本（3cm長さに切る）
にんにく …… 3片
青唐辛子、赤唐辛子（生）…… 各1本
黒粒こしょう …… 10〜12粒

A ｜ トマト …… 1個（薄切り）
　｜ ピーナッツまたはカシューナッツ
　｜　…… 大さじ2（粗びき）
　｜ パームシュガーまたは
　｜　ブラウンシュガー …… 大さじ1
　｜ ライム果汁 …… 大さじ2
　｜ しょうゆ、塩 …… 各小さじ1/2

コリアンダーリーフ、ピーナッツ、
　トマト、ライム …… 各適量

作り方

❶ 青パパイヤは皮をむいて半分に切り、せん切りにする。
❷ ドレッシングを作る。乳鉢にさやいんげん、にんにく、唐辛子類、こしょうを入れ、たたいて砕く。**A**を加えて混ぜ、味を調える。
❸ ①に②と刻んだコリアンダーリーフを加えて混ぜる。器に盛り、砕いたピーナッツをふり、トマトとライムを添える。

刺激的な
辛さがくせになる、
青パパイヤのサラダ。

Fak Thong Gaeng Buad / Pumpkin In Coconut Cream

ココナッツかぼちゃ

素朴な甘さのタイ風スイーツ。
温かいままでも冷やしても美味しい。

材料（2人分）

かぼちゃ …… 150g

A ｜ ココナッツミルク …… 2カップ
　｜ パームシュガーまたは粉砂糖 …… 1/2カップ
　｜ 好みでバニラシュガー …… 小さじ2
　｜ 塩 …… 1つまみ

ココナッツクリーム …… 大さじ2
ミントの葉 …… 少々

作り方

❶ かぼちゃは皮をむいて細かく切る。鍋に入れ、水150mℓを加えて中火にかけ、やわらかくなるまで6〜8分ゆでる。
❷ ①に**A**を加え、かぼちゃがくずれて水分がなくなるまで5〜7分煮る。火を止めて冷ます。
❸ 器に盛ってココナッツクリームをたらし、ミントの葉を飾る。

Gado Gado / Vegetable Salad with Spicy Peanut Sauce

ガドガド

材料（2人分）

にんじん …… 1本（薄切り）

もやし …… 1カップ

赤キャベツ …… 1カップ（せん切り）

赤ピーマン …… 1個（細切り）

厚揚げ …… 1/2枚（細切り）

スパイシーピーナッツソース

ピーナッツバター（チャンキータイプ）…… 1/2カップ

ココナッツミルク …… 1/2カップ

赤唐辛子 …… 2本（みじん切り）

にんにく …… 2片（つぶす）

チリフレーク …… 小さじ1/4

ケチャップマニス※ …… 大さじ2

パームシュガー …… 大さじ1

しょうゆ …… 小さじ1

ライム果汁 …… 大さじ2

ピーナッツ …… 小さじ1

フライドオニオン、コリアンダーリーフ …… 各少々

※インドネシアの甘い調理用ソース。

作り方

❶ にんじんはやわらかくなるまでゆで、流水にさらし、水気をきる。

❷ スパイシーピーナッツソースの材料はすべて混ぜ合わせ、好みでココナッツミルク少々を足す。砕いたピーナッツとフライドオニオンをふる。

❸ にんじん、もやし、赤キャベツ、赤ピーマン、厚揚げを器に盛る。コリアンダーリーフをのせ、②をかける。

甘辛いピーナッツソースが特徴。
インドネシアの代表的サラダ。

Hema's メモ

日本のインド料理店などではポピュラーな「ナン」ですが、本場では北インド料理の高級料理店で食べられる程度。焼くときに大きなタンドール（窯）が必要なため、一般的な家庭では作られません。ただ、日本ではフライパンで焼くだけのナンが商品化されているので、気軽に試すことができます。カレーのお供に添えてみてはいかがでしょうか。

ヘーマ・パレック --
Hema Parekh

インドをはじめとするアジア料理の研究家。日本で30年以上に渡り料理教室を開いており、世界各国の料理を教えている。
国賓が来日した際などに、インドをはじめとする世界各国の料理を振る舞う、国賓料理人でもある。
著書に「インド式菜食生活」(グラフ社)、「はじめてのベジタリアン南インド料理」(キラジェンヌ刊)、「ピリッと辛い! スパイシー野菜おかず」(家の光協会刊)、「究極のエイジャン・ベジタリアン・レシピ」(講談社インターナショナル)。

STAFF --
企画・編集　岩井浩之（株式会社マイナビ出版）
編集　立本美弥子
撮影　守屋貴章
スタイリスト　カナヤマヒロミ
デザイン　大悟法淳一、武田理沙、
　　　　　神山章乃（株式会社ごぼうデザイン事務所）

—

スーパーの食材で作る
アジア7カ国の本格カレー

2020年1月31日　初版第1刷発行

著　者　ヘーマ・パレック
発行者　滝口直樹
発行所　株式会社マイナビ出版
　　　　〒101-0003 東京都千代田区一ツ橋2-6-3 一ツ橋ビル2F
　　　　TEL 0480-38-6872（注文専用ダイヤル）
　　　　　　　03-3556-2731（販売部）　03-3556-2735（編集部）
　　　　e-mail　pc-books@mynavi.jp
　　　　URL　https://book.mynavi.jp/
印刷・製本　株式会社大丸グラフィックス